よみがえる金融

協同組織金融機関の未来

第一勧業信用組合　理事長
新田信行

ダイヤモンド社

はじめに

私は、信用組合の一経営者にすぎません。偉い大学の先生や経済評論家ではなく、毎日ドブ板の上を走り回っている、リテール金融の実務家です。それでも、常に現場にいると感じること、見えてくることがたくさんあります。この現場の声を発信したい……やむにやまれぬ思いで今回筆を執ることといたしました。

リテール金融の現場の多くは、閉塞感に満ちています。それは、日本が高度成長時代から、成熟社会に変化しているのにもかかわらず、新たな道筋が見出せないでいるからとも思えます。時代は、金、物から人へ、量から質へ、そして均一性から多様性へと動いています。そんななかで金融業界も、新たな社会の要請に応えていくためには、多様性が求められています。

かつて、日本に五四二あった信用組合はいまや一五一（二〇一七年四月時点）にまで減少しました。しかし、これからの日本の豊かな未来のためには、協同組織金融機関がもっともっと頑張らなければならないと感じているのです。まちがって欲しくないのは、これは大銀行やノンバンクを批判しているのではないということです。私は、大銀行やノンバンクの志ある方が懸命に頑張っておられることも良く知っています。私たちは大銀行のように国際経済やマーケットにおいて存在感を発揮したり、様々なプロダクトを生み出していくことはできません。ノンバンクのように非対面で大量の顧客に迅速にサービスを提供することもできません。しかし、それらは協同組織金融機関が不要であるという理由にはならないのです。

信用組合は、歴史的には最も新しい金融形態です。産業革命により、銀行が生まれた後、庶民が自分たちの金融機関を求めて、力を合わせて作り上げたのが信用組合です。アメリカのクレジットユニオンのスローガンは、〝Not for profit, not for charity, but for service.〟です。私たちは株式会社ではなく協同組織ですから、「service」をストレートに組織目的とすることができます。英語の「service」とは、日本語のカタカナの「サービス」よりも、幅広い意味で、〝相手を思いやり、相手のためになる行為をすること〟を言います。ロータリーで言う「奉仕の精神」も、まさにこの「service

の精神」です。

日本の古くからの労働観、「働く＝傍楽《はたらく》（傍を楽にする）」もまた同じ意味合いでしょう。

「He profits most who serves best」（最も良くサービスする者は、最も良く報われる）、「積善の家に余慶あり」「情けは人のためならず」「利益は社会貢献の証である」。このように、様々なことわざや名言が「service」の重要性を語っています。社会性、公共性が最も求められる地域金融において、この「serviceの精神」は特に大切だと思うのです。

私が目指すのは、「未来志向で、開かれた、人とコミュニティの金融」です。人と人との信頼関係に基づく信用供与がそのベースになります。そして、人や事業、コミュニティを未来志向で育て、新たな価値を創造していくことが重要です。また、すべての志ある方との連携を通じ、社会インフラの一部として、社会に貢献する組合でありたいと考えています。

これらの具体的な内容について、本書の中で一つひとつ語っていきたいと思います。

よみがえる金融
contents

第2章

メガバンク役員から経営の厳しい信用組合理事長に 繰り越し損失を四年で一掃するV字回復を達成

第5章
創業支援と並行して進めてきた地方創生
先行する信用組合との協力で広域連携へ

第6章

信用組合初の農業ファンドを九組合で立ち上げ「人とコミュニティの金融」が目指す未来とは

第1章

話題の〝芸者さんローン〟はこうやって生まれた 無担保・無保証のコミュニティ・ローン誕生の裏側

「第一勧信の無担保のコミュニティ・ローン」。マスコミにも報じられて、今や、当組合の代名詞のようになっているのが当組合独自のコミュニティ・ローンです。この話から始めます。この商品を通じて、当組合の基本的な考え方を理解して頂けると思うからです。

私は第一勧業信用組合の理事長に就任して以来、協同組織金融機関である信用組合は本来、地域コミュニティに根差した金融機関、いわゆる、コミュニティ・バンクであると考えて経営してきています。そこにこそ、私たちの存在意義があるからです。この考え方の延長線としてコミュニティ・ローンを生む契機になった出来事に遭遇したのは、二〇一六年春のことでした。

営業拠点のひとつである墨田支店からある報告が上がってきました。四谷にある本部には毎日、営業現場からの報告がもたらされるのですが、そのひとつに私は「おっ」と気が留まったのです。

話のあらましは以下のようなものです。

浅草の芸者さんのAさんが当組合の支店にいらっしゃいました。用件はローン利用のご相談です。担当者が話をお聞きすると、「浅草で自分のお店を出したいので、そのためのおカネを借りたいのだが」ということでした。Aさんのお話はきちんとした計画に基づくものでした。随分と長く考えて準備も重ねてきたことが分かりました。そこで、支店では「当組合がご融資する方向で検討します」ということになったのです。

つまり、出店資金の融資案件でした。当組合は融資を実行しました。そのときから、この件を気に留め続けました。

後日、Aさんのお店の開店日に、私たちはお祝いを兼ねてお店を訪れました。Aさんは大変に喜んでいました。おそらく、ずっと夢見てきたことだったのでしょう。その姿を見ていて、本当に良かったなという実感が沸々と湧いてきました。

じつは、私たちの信用組合が芸者さんに、信用保証協会の保証なしの直接融資、いわゆる「プロパー融資」を提供したのは、これが初めてではありません。当組合は元来、東京の花街として歴史的にも有名な神楽坂（新宿区）や向島（墨田区）に店舗を構えてきました。東京に六花街があるということは私も知っていました。六花街のひとつ、神楽坂に当組合の元々の本店が置かれていた関係もあって、同地の料亭組合の会計を任せていただくなど親しい関係にありました。しかも、神楽坂と並び称される花街のひとつ、向島の料亭組合長には当組合の総代を務めて頂いていました。

つまり、当組合はそこで働く芸者さんとは決して遠くない関係にあったと言えます。したがって、以前にもプロパー融資の実績があったわけです。

たとえば、二〇一五年夏には、向島の芸者さんにもローンを実行していました。これもご自身のお店を開くための開店資金の提供でした。

Aさんへの融資をしたとき、私は考えました。

「たんに融資しましたということだけではインパクトはないのではないか。この際、当組合は芸者さんに保証なしで融資しますということを宣言したらどうなのか」

というのも、私が知る限りでは、芸者さんの場合、Aさんのようにおカネが必要になっても、金融機関から融資を受けるのは容易ではありません。たとえば、住宅ローンを考えてみましょう。住宅ローンの利用には年収証明の提出が必要となるケースがほとんどです。返済能力を判断するうえで、一定期間にわたって安定的な年収を得ていることを確認するためです。しかし、芸者さんは自営業者です。ある意味では、安定的な年収ということにはなりにくい。

しかも、開店資金という事業性ローンの場合、往々にして、金融機関は担保や保証を求めます。しかし、コツコツと貯めてきた預貯金はあるにせよ、十分な担保などがあることは考えにくい立場です。

実際、当組合の総代に就いてもらって頂いている向島の料亭組合の組合長に「芸者さんに事業性ローンを融資することにしたいが、どう考えますか」と相談したところ、「昔は、芸者さんがおカネを借りるとなると、私が人柄を見て個人保証していた。そうしないと、誰も貸さなかったから」と言うのです。

そこで、「私たちの組合で今後も融資しましょうか」と提案すると、総代の方はこう質問されました。

「また、私の保証が必要になるのですか」

私はそのとき、こう答えたのです。

「それはまったく必要ありません。料亭組合の組合長として、芸者さんの人となりはご存じだと思います。しかも、当組合の総代です。その芸者さんを第一勧信の組合員としてお迎えして、かつ、おカネを貸してもいいという推薦だけをしてください」

格付け、業績よりも人、事業を見る「目利き力」がカギ

協同組織金融機関は組合員制度の組織です。融資を実行する条件として当組合の組合員であることが前提となります。それもあって、総代の方にこのような提案を行ったのですが、これは何も「また私が保証人になるのですか」と言われたことに対して、私がその場の勢いで申し上げたことではありませんでした。

私は小口金融であれば担保も保証も必要としない、いわゆる「無担保ローン」こそ、中小企業や個人への事業性ローンの基本形であると考えてきたからです。第三者の個人保証をとるなどというのは例外中の例外のことです。もっとも、この考え方は金融業界にあって、きわめて少数派と言えます。なかには、同じように考えている金融マンがいたとしても、銀行などの世界では実際に無担保の事業性ローンが提供されてい

るというケースはきわめて稀です。

その理由などについては後段に譲って、ここでは簡単に説明したいと思います。とにかく、私は総代の方に「保証などいりません。代わりに、芸者さんの人物評を教えてください。それで、あなたが見て、その人が信用に足る人物であるというのであれば推薦してください」と申し上げました。事業性ローンの実行を判断するに際して、借り手の方が事業をやっていけるような人物なのかどうかという人物評価こそ必要だからです。

このことを金融分野でしばしば使われる言葉で説明すると、「定量評価のみに依存せずに定性評価を重視する」ということになります。定量評価は数字で示せる評価基準です。逆に定性評価は数字では示しにくいことに対する評価です。たとえば、「いくらほどの担保物件がある」というのは定量評価の典型です。一方、あの人は「まじめでコツコツと働く」というのは数字では示しにくい。

しかし、数字で示せるか否かはともかく、両方ともきわめて重要なものと言えます。とくに、金融機関がおカネの借入を相談され、融資しようかどうかを考える際、二つの評価軸を見ていくことが本筋と言えます。ところが、往々にして、金融機関は定量評価に陥りがちです。そこで、「担保第一主義」という言葉が生まれ、さらには保証が必要ということになるのです。

金融機関が融資の際に求める担保保証は返済不能などの不測の事態に備えるためであり、信用リスク管理の一環です。やや専門的な話になりますが、その考え方を説明します。

通常、金融機関が行っている定量的な信用リスク管理では、倒産確率（Probability of Default）にデフォルト時損失率（Loss Given Default）を掛け合わせて、信用コスト＝予想損失（Expected Loss）を算出します。言うまでもなく、信用コストが小さいほうが金融機関にとっては安心できます。したがって、倒産確率、デフォルト時損失率が低いほうが好ましいという話になります。

そこで、倒産確率を制御するために格付けが用いられ、デフォルト時損失率の制御手段として担保保証を求めるということになります。つまり、定量的なリスク管理の二本柱が格付けと担保保証にほかならないのです。

しかし、格付けがその典型ですが、これらは過去の実績にすぎません。小学生が学期末に先生からもらう通信簿と同じです。通信簿は過去の成績を示したものであり、その生徒の将来を評価したものではありません。格付けもその会社の過去の業績などを構成要素としているだけで、その会社の未来を予想しているわけではないのです。担保保証もそうです。過去の蓄積の評価であって、その会社の将来への可能性を計るものではないと言えます。

言葉を変えると、倒産確率とデフォルト時損失率をベースとする定量的な信用リスク管理は実績主義に陥りやすく、借り手の「未来」に対する検討を行うことには適していません。未来に向けての投資のためにおカネを必要としている会社や個人にとって、これでは必ずしも正しい評価とならないわけです。

私がつねづね、定量評価に偏った方式に疑問を抱いてきた理由はここにあります。過去の実績で、その会社や個人の可能性を判断するというのはどう考えても合理的ではないのです。

ところが、銀行などはつねに効率性を求められています。したがって、中小零細企業や個人事業者の借入ニーズを判断するときには、効率性で勝る定量評価になりがちです。また、無人機などを介した非対面方式で迅速な対応をモットーとしているノンバンクなどは、まさに担保保証、さらには格付けをフル活用した金融を展開しています。

しかし、信用組合などの協同組織金融機関はこれらとは本質的に異なります。フェイス・トゥ・フェイスの関係を取引先や顧客と築いているからです。効率性よりも、もっと大切な価値観のなかで事業を営んでいると言ってもいいでしょう。それを一言で言えば、「信用」という言葉に集約されます。

信用を裏付けるのは、会社であれば事業内容や製品、さらには経営者の考え方などであり、個人であれば人柄などです。これらはフェイス・トゥ・フェイスの関係をベースとしているはずの協同組織金融機関が日常の地道な活動や取り組みを通じて、自ずと吸収し、蓄積していくことができる定性情報です。それにもかかわらず、定量情報に基づいて、担保保証に依存する金融をやっているとしたら、どうでしょうか。それは自らの特性を無駄にする自殺行為でしかありません。つまり、我々、信用組合は

「人を見て、事業を見て、与信判断を行う」という定性評価を活用することこそ、真骨頂であるべきなのです。

もっとも、これは手間もかかるし、時間も費やさなければなりません。効率性をモットーとする銀行とは、本質的に違うモデルです。そして、何よりも見る側に求められるのは「見る力」です。すなわち、目利き力なのです。

「あなたのためのローンを用意してあります」と宣言

私は当組合の理事長に就任したときから、目利き力こそが当組合が生きる道であると確信し、その態勢の整備にあれこれと邁進していました。そして、理事長就任から二年ほどが経過し、ようやく、手応えを感じ始めるようになったころに出会ったのが、冒頭の芸者さんの件だったのです。

芸者さんには大変に失礼な言い方になるかもしれませんが、担保が十分ではないと、夢に描いてきた自分の店は開けないのでしょうか。あるいは、その際には、知り合いの人が負担になるような保証を依頼するしかないのでしょうか。

そうではありません。計画的でまじめな方であれば、たとえ担保がなくても、夢を実現するチャンスを得ていいのです。問題は、その方がまじめに事業に取り組み、約束を破るような方ではないというような評価を金融機関が得られるかどうかです。

総代の方から快諾を得て、私はいよいよ「宣言」する決意を固めました。

宣言にこだわったのは単に宣伝効果だけではありません。理由は二つありました。ひとつは対外的な側面です。このローンを単発で終わらせるのではなく、「第一勧信はこのようなローンを提供しています」という訴求力が必要であるということです。Aさんと同じような夢を持っている人が、ローンを利用できる可能性があるにもかかわらず、私たちのローンの存在を認識していなければ当組合を相談のために訪れることはないでしょう。あるいは、「どうせ、金融機関は貸してくれないから」と諦めてしまうかもしれません。これは、金融機関としては、やるべきことを怠ったことになります。ビジネスとして見れば、むざむざ商機を逃したと言わざるをえません。

私は職員たちに「人とコミュニティの金融なので、絶対に固有名詞から離れないように」と繰り返し語っています。本書のテーマのひとつである顧客に対する「定性評価」もすべて固有名詞の世界です。固有名詞を記号に変えた瞬間に大切な価値を私たちは失ってしまうからです。

記号に変えたときから、私たちはプロダクト・アウトという「金融機関本位、顧客軽視」の世界に逸脱してしまいます。たとえば、「大数の法則」を用いた金融手法で説明しましょう。サイコロを振って一の目が出る確率は、サイコロを振る回数を増やせば増やすほど六分の一に近づくように、事例を増やせば増やすほど、平均値が真の平均値に近づいていきます。これと同様に、より多くの人に貸すほど、そのなかの一定率の人たちが返済不能に陥っても全体の収益で損失をカバーできるという、大数の法則に基づく融資の手法はノンバンクが得意とするものです。つまりは、顧客一人ひとりの顔よりもポートフォリオを考えて融資しているわけです。

これは、私たちのような協同組織金融機関が入り込んではならない世界なのです。あくまでも、顧客はコミュニティの一員である「あなた」であり、ローン商品も「あなたのための」ローンであるという価値観が必要なのです。

もうひとつは対内的な側面です。宣言すれば、それに相応する社内態勢と心構えを築く必要が生じます。具体的には定型ローン化ということです。今後、同様のご相談があった際には、相談に対応することもその手続きをとることも円滑に運びます。逆に、そうしておかないと職員の対応がマチマチになってしまうかもしれませんし、職員たちがポイントをちがえずに相手の話をヒアリングすることもできないかもしれません。しかし、ローンを定型化しておけば、そうした事態は回避できます。

要するに、私が言った宣言とは、Aさん以外の芸者さんたちにも「あなたのためのローンを第一勧信ではきちんと用意してあります」という組合内外に向けた宣言なのです。

私は決断したら、直ちに動き出します。初めに相談した総代の方が料亭組合長を務めている向島の支店長と相談して、「向島芸妓ローン」という名称を付けて取り扱いを開始しました。これが第一号のコミュニティ・ローンとなりました。

コミュニティに根差して活動しているからできる信用貸し

そんなある日のことです。向島の料亭の女将さんとお会いした際、突然、「理事長、ほんとうにありがとうございます」と感謝の言葉を掛けられたのです。私は戸惑って、「なんのことですか」と尋ねました。すると、こういう答えが返ってきたのです。

「芸者さんローンの話を聞いて、若い芸者さんが『自分も将来、第一勧信からおカネを借りて自分の店を出そうと思う。だから、おカネを貯めて準備する』と言って喜んでいます」

人生設計を立てにくかった彼女たちに対して、金融機関はどこもアドバイスを提供していなかったにちがいありません。彼女たちもまったく期待していなかったのでしょう。若い芸者さんたちから発せられたという言葉は、それを物語っているように思えます。

今、金融庁は若い人たちの資産形成を呼び掛けています。その手段として、現在の

ＮＩＳＡ（少額投資非課税制度）に続いて、二〇一八年からは「積み立てＮＩＳＡ」が導入される予定です。月々一万円でも積み立てを続ければ、将来、何か始める際の元手の一部にはなるはずです。私たちの組合は、芸者さんローンを開始したことを契機にして、若い芸者さんたちに「積み立てＮＩＳＡ」などの資産形成の道があることもアドバイスできるのです。

とにかく、料亭の女将さんの話は、私が考えていたビジョンを後押ししてくれるものでした。しかも、そのころには向島に限らず、芸者さんの世界や向島以外の花街でも「芸者さんローン」は周知の事実となっていました。

東京では六花街と呼ばれるように、伝統のある有力な花街は六カ所あります。浅草、芳町（日本橋浜町）、神楽坂、向島、新橋（銀座）、そして赤坂です。それぞれの地域に料亭組合がありますが、そのトップは、今の日本橋浜町、歴史的な言い方をすると芳町の料亭組合長を務めておられる明治座の三田芳裕さんです。私は以前から三田さんとは親しくして頂いていました。当組合も明治座を借り切って、「お客様観劇会」を催していたのです。しかも、考えてみれば、三田さんは老舗料亭、「玄冶店《げんやだな》　濱田家」の当主でもあります。そこで、私は三田さんにもお願いして、当組合の総代に立候補していただきました。

かつて、東京には飲食業界の業域組合として東京食品信用組合が存在していました。同組合の理事長を務めておられたのが三田さんの父親である三田政吉さんでした。しかし、同組合はバブル経済の頃に解散してしまったのです。

飲食業界の信用組合が創設されたのは元来、飲食業や料亭などとの取引に対して、銀行などが消極的だったからと言えます。最近の言葉で言うと、金融排除的な立場に置かれてきたと言えるでしょう。したがって、飲食業のみなさんが集まって、相互扶助の自らの信用組合を創設したのです。個人的には、今も飲食業組合が現存してしかるべきであると思いますが、すでに解散しています。もう一度、飲食業の信用組合を創設するというのも現実的ではありません。

そこで、私は料亭組合長など関係先のみなさんに「当組合が飲食業組合としての顔を持ちましょうか」と提案していました。

じつは、当組合の沿革をさかのぼると、飲食業と浅からぬ関係があるのです。そもそも、当組合は一九二一年七月に、当時の日本勧業銀行が設立した「保証責任信用購買利用組合互援会」を原点としています。これは日本勧業銀行の職員を対象とした職域型の組織でした。その後、長らく職域型組合として活動していたのです。そして、一九六三年、経営破綻した東京昼夜信用組合の債務肩代わりをいたしました。

東京昼夜信組はその名称の通り、二四時間営業の体制で飲食店のおカネの入出金を担っていたそうです。当組合が債務の肩代わりに乗り出したのは、当時、東京都の救済要請を受けたからでした。それを発端にして、一九六五年、当組合は職域組合から地域組合に転換したのです。そのような歴史もあって、花街や飲食業とは関係を保っていたのです。

こうした歴史的な経緯も含めて、私は「飲食業組合の顔も持ちますか」という提案をしたのですが、これは決して思い付きではありませんでした。実際、当組合は二〇一六年度の重点施策のひとつとして「食文化を支える組合」という項目を新たに設定したのです。

同年度の重点施策として設定したのは、「若者・女性を応援する組合」「地方と東京を結ぶ組合」「食文化を支える組合」「街づくりに貢献する組合」の四つです。重点施策のなかに、突然、「食文化を支える組合」を盛り込んだのは、業域組合的なイメージを頭に描いたからでした。

六花街のうち、浅草や銀座については、みずほ銀行の常務時代に、その地域を担当していました。当然ながら、浅草や銀座の料亭組合長も存じ上げていました。そこで、みなさんにお会いし、当組合の総代に立候補していただきました。そのような人間関係を築いていたこともあって、結局、二〇一六年の総代改選までに、向島の料亭組合長だけではなく、六花街の料亭組合長の六人すべての方に当組合の総代に就いて頂いていました。

東京の六花街のすべてで働いている芸者さんたちに芸者さんローンを提供する態勢が整いました。向島のように、総代のみなさんがご存じの芸者さんたちの人柄などで定性評価が可能になるからです。

このようにして、六花街それぞれの名称を付けた「芸者さんローン」が揃いました。あくまでも、芸者さんが自分の店を開くための開業資金ですから、れっきとした事業性資金の提供であり、定性評価による無担保の信用による融資こそ重要であると考えてきた私は、「原則として無担保・無保証」のローンとしました。

これが「第一勧信のコミュニティ・ローン」の誕生物語です。コミュニティとは同じ地域や職域などにおいて、ともに暮らし働いている人々の有機的なつながりで作り上げられています。その意味では、料亭と芸者さんは同じコミュニティの構成メンバーということになります。そして、このつながりを生かして、担保や保証に依存しない金融を行っていく。これはまさしくコミュニティに根差して活動しているからこそ実現できる信用ベースの金融と呼ぶべきものでした。

そうなると、芸者さんローンだけでは終わりません。実際、芸者さんローンを作るや、芳町の料亭組合長の三田さんから、次のような提案を頂戴しました。

「コミュニティに根差した取り組みをするのであれば、のれん分けのローンも作らないか」

お話を聞くと、こういうことでした。

たとえば、寿司屋さんで長らく修業を積んで頑張ってきた弟子がいて、その一人が

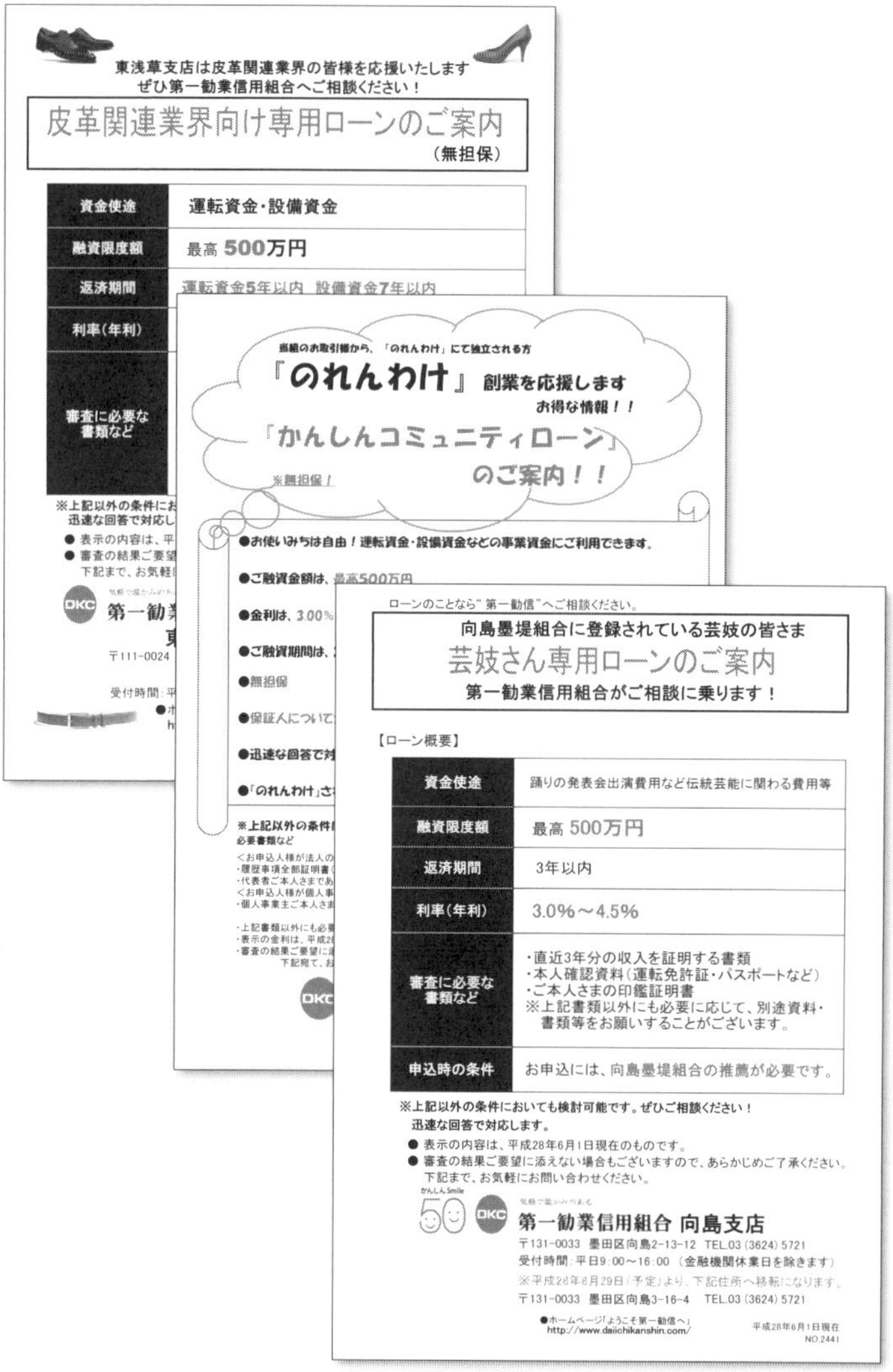

ローンのことなら“第一勧信”へご相談ください。

向島墨堤組合に登録されている芸妓の皆さま

芸妓さん専用ローンのご案内

第一勧業信用組合がご相談に乗ります！

【ローン概要】

資金使途	踊りの発表会出演費用など伝統芸能に関わる費用等
融資限度額	最高 500万円
返済期間	3年以内
利率（年利）	3.0%～4.5%
審査に必要な書類など	・直近3年分の収入を証明する書類 ・本人確認資料（運転免許証・パスポートなど） ・ご本人さまの印鑑証明書 ※上記書類以外にも必要に応じて、別途資料・書類等をお願いすることがございます。
申込時の条件	お申込には、向島墨堤組合の推薦が必要です。

※上記以外の条件においても検討可能です。ぜひご相談ください！
迅速な回答で対応します。

● 表示の内容は、平成28年6月1日現在のものです。
● 審査の結果ご要望に添えない場合もございますので、あらかじめご了承ください。
下記まで、お気軽にお問い合わせください。

第一勧業信用組合 向島支店
〒131-0033 墨田区向島2-13-12 TEL.03（3624）5721
受付時間：平日9:00～16:00（金融機関休業日を除きます）
※平成28年8月29日（予定）より、下記住所へ移転になります。
〒131-0033 墨田区向島3-16-4 TEL.03（3624）5721

●ホームページ「ようこそ第一勧信へ」
http://www.daiichikanshin.com/

平成28年6月1日現在
NO.2441

一〇年働いて三〇歳になった。親方はそろそろ、自分の店を出させたいと思っているし、本人も意欲を高めている。親方ももちろん、その意欲を買っているので、のれん分けでお店を開くための必要資金を提供できないか――。

要するに、独り立ちする際の開業資金の与信です。もちろん、寿司屋の親方の堅実な性格もよく知っているし、弟子の生真面目な性格も分かっている。ところが、そのような人が開業したくても、おカネを借りる際に担保が必要となれば、話は一挙にむずかしくなります。しかし、のれん分けするくらいですから、そのコミュニティのなかで、言わば、その人柄には太鼓判が押されているわけです。おそらく、そのような意欲と悩みを抱えた人たちはほかにもいるにちがいありません。そこで、芸者さんローンに続いて、「のれん分けローン」も作りました（三二ページ図参照）。

たんに事業性ローンとせずに、「のれん分けローン」としたのは、「芸者さんローン」と同じ理由です。のれん分けで自分の店を持ちたい人たちに「あなたのためのローンがある」と認識して頂くためです。

たとえば、当組合の東浅草支店では、「第一勧業信組の東浅草支店は皮革産業を守ります、支えます」と書いた看板を掲げています。同支店の担当エリアのなかには、皮革、靴の商工業者の集積地があるからです。そこでは毎年春・秋に「靴の市」を開いているほどなのです。しかし、近年は衰退ムードが否定できない状況にありました。

日本の商工業者が有する技術の高さは誇れるものです。金融機関は、その地域のコミュニティ・バンクとして、彼らを極力応援しなければなりません。しかし、一般的に言って、そうした商工業者のみなさんは金融取引に苦労しがちです。退潮ムードとなれば、それはなおさらのことです。そこで、私たちは東浅草支店を拠点として、地場産業のみなさんを対象にした事業性ローン、「皮革産業ローン」を作りました。これは、「皮革産業のみなさんのためのローン」という明確な位置付けです。コミュニティに根差した活動に取り組んでいるからこそ私たちは提供できるのです。

生み出したコミュニティ・ローンは今や二七〇種類

このようにして、当組合は様々なコミュニティに対応して、そこで必要とされているものは何かを探し出す努力を続けています。これらの事例でも分かるように、当組合のコミュニティ・ローンは、私たちが「売らんかな」方式で導入したものではありません。つまり、経営学的な言い方をすれば、プロダクト・アウトの発想で編み出したものではなく、顧客、あるいは、顧客という個人が属するコミュニティからの具体的な要望を受けて作り上げたカスタマー・インの商品と言えます。

近年、商品開発に関して「プロダクト・アウトではなく、カスタマー・イン、あるいはマーケット・インの発想が必要である」と指摘されていますが、残念ながら、少なくとも金融業界ではいまだにプロダクト・アウトの発想に基づくビジネスが主流です。たとえば、銀行などのリテールビジネスがそうです。これはある意味では致し方がない面があります。銀行は、収益性、効率性の追求を重視せざるを得ないからです。しかし、当組合のような小規模な金融機関はそうではありません。むしろ、個々の顧客、コミュニティとのリレーションを築いて、顧客やコミュニティの声を丁寧に聞かなければなりません。そのためには効率性は二の次となるものです。つまり、そもそも、カスタマー・インの発想を主軸に置くというのが信用組合なのです。

小規模金融機関は銀行よりも劣勢と見られがちです。確かに、そういう面があることは否定できません。ネームバリューはもとより、経営資源の規模も大きく劣っています。しかし、それは一面のことです。

実際、当組合はきめの細かい対応や顧客との親密度では負けるはずはないのです。問題は自らに与えられた使命をきちんと果たすかどうかにあります。それを果たしていないのであれば、物量にモノを言わせる金融に勝てないかもしれません。しかし、使命を果たしていれば、私たちの存在は社会から認められるはずなのです。そのひとつの証がコミュニティ・ローンの取り組みであると私は位置付けています。

コミュニティ・ローンは、出発点となった芸者さんローンの珍しさも手伝って、かなり話題になりました。しかし、芸者さんの人数は限られています。ちなみに、芸者さんは減り続けて、東京都内では現在、総勢で二〇〇人足らずという状況です。神楽坂の芸者さんは、新宿区の指定文化財となっているほど少なくなっているのです。それだけに、私たちの活動に関して「芸者さんローン」がひときわ話題にされているのだと思いますが、私がぜひとも多くの方々に知っていただきたいのは、「芸者さんローン」は私たちが取り組んでいる数多くのコミュニティ・ローンのひとつにすぎないということです。

まちがいなく、芸者さんローンや皮革産業ローンはコミュニティ・ローンの端緒となりました。しかし、その後、「商店街ローン」や「税理士ローン」なども作ろうと取り組んでいくなかで、「これは数多くのコミュニティ・ローンができる」と思うようになりました。そこで、「全店に広げて取り組もう」という話に発展させたのです。

当組合が生み出したコミュニティ・ローンは今、二七〇種類を数えます。多様なコミュニティとの絆を大切にしたコミュニティ・バンクとして活動をしているうちに、コミュニティ・ローンの数は増え続けました。もちろん、そのなかにはまだローン残高（融資実績）がないものもありますが、ローンの種類は今後、さらに増えていくでしょう。私たちはコミュニティの背後にまた、新たなコミュニティを見出すような日々を送っているからです。

たとえば、各支店にこの観点からコミュニティ・ローンを作ってみようと言えば、町内会の数だけコミュニティ・ローンは生まれます。一二〇人の顔ぶれの総代がいれば、少なくとも、その数だけのコミュニティ・ローンは編み出せるのです。私たちの組合は二六の拠点がありますから、各拠点で一〇ずつのコミュニティ・ローンを作れば、現在のように合計で二七〇ほどのローンにはなります。現に、足下でも毎月数件のコミュニティ・ローンが産声を上げています。

コミュニティ・ローンが誕生すると、そのローンを発案した支店ではチラシを作って、配布します。二七〇種類もあると、チラシを作るだけでも大変ではないかと言う人もいますが、そんなことはありません。定型の枠組みのレイアウトのなかでローンの名称を入れ替えたりする程度の作業で完成します。

前述したように、コミュニティ・ローンは定型型のローンであり、限度額や原則・無担保などローンの商品性はあまり変わらないからです。しかも、「そのような仕事をしているあなたのためのローンです」というカスタマー・インの発想もすべてに貫かれています。違いは対象がどのような人たちであるか、なのです。

そう説明すると、なかには「すべてが少人数しか対象者のいない商品だろう」と揶揄する向きもいるかもしれません。私はあえて否定しません。なぜならば、それを狙って次々と生み出しているからです。

多くの金融機関のローン広告を見ると、「事業性ローン、金利□□%」という内容となっています。しかし、これこそプロダクト・アウトを絵に描いたようなものでしょう。何の商売をしている人なのかはお構いなしに金利だけをアピールしているからです。

もっとも、私たちのコミュニティ・ローンもそれぞれの商品で大きく商品性が異なるわけではありません。大半は五〇〇万円から一〇〇〇万円の長期ローンです、ほかの金融機関とちがうのは、商品名がすべて具体的であるという点でしょう。一方、ローン金利として、つねに想定しているのは「妥当な水準」です。個人や小規模事業者にとって無理のない範囲のものに設定しています。現状で言えば、年利一%台では低すぎるし、かといって同五%台では高すぎます。そこで、おおよそ三~四%程度の金利設定にしてあります。

特徴と言えるのは「原則、無担保」ということです。もちろん、保証の必要もありません。もう一度繰り返すと、私たちのコミュニティ・ローンは、担保に依存することなく、人柄や事業内容など定性評価に基づいて融資するものです。これは、「目利き力」による信用の金融です。

のれん分けローンであれば、のれん分けの事情というものをきちんと理解して、それに値する人物なのかをじっくりとヒアリングします。もちろん、その人が属するコミュニティからの情報も重視します。だからこそ、利用層が限られても、コミュニティごとの個別名称の商品になるのです。

方針を決めれば、私は即座に動きます。「コミュニティ・ローン」にきっちりと取り組もうと考えた私は理事たちの了解も得て、全支店の職員たちに「コミュニティ・ローンの組成に役立つような情報を集めよう」と指示しました。とにかく、カスタマー・インの発想の徹底が必要ですから、本部が観念的に考えて収益性のそろばん勘定を先行するようなことはしません。出発点は「顧客に聞け」「コミュニティに聞け」なのです。

最初のいくつかを私が形として示したこともあって、職員たちは、実質三カ月の間に、コミュニティ・ローンにつながるような情報・材料を二〇〇件ほど集めました。

これらの取り組みをしているのは、当組合生え抜きの職員ばかりです。後段で述べることになりますが、この状況を見て、私は職員たちの成長ぶりに手応えを感じています。

「誰もやっていないからこそ、自分はやる」

私が今、大変に不本意であると思うのは「新田がまた、特別なことをやり始めた」と思われたり、言われたりすることです。というのも、私たちの組合の取り組みは決して特別なことをしているわけではないと思っているからです。しかも、私だけがやっているのでもありません。職員たちが懸命になって取り組んでいるのです。確かに、私がトップとして指揮を執っていることはまちがいありませんが、地域に根差したコミュニティ・バンクが当然行うべき取り組みを役職員一丸となってやっているのです。

コミュニティ・ローンの展開を見てもらえば、それを理解してもらえると思います。おそらく、他の信用金庫、信用組合でも地域や地元のコミュニティを大切にして地域密着を徹底していれば、コミュニティ・ローンの展開はできるにちがいないでしょう。

ただし、こういうことは言えるかもしれません。「誰もやっていないから、自分もやらない」というのではなく、「誰もやっていないからこそ、自分はやる」のです。「誰もやらないから自分もやらない」というのはいかにも、正しく聞こえるような論法ですが、それはおかしな理屈と言わざるを得ません。しかし、金融業界では近年、このような理屈がいかにも正論のように跋扈していたように思えます。「誰もやらない」ということは、「自分がやらない」という理由にはならないのです。

本書では後段でもお示しすることになりますが、社会のニーズがあるのに「誰もやらないのならば、そして、私たちの本質から考えて私たちがやれる可能性があるのならば、私はやる」というのが基本的な考え方です。

ビジネスモデルを考えるにあたり、一般的なアプローチとして3C分析があります。最初のC、Customerを金融業界として考えるならば、社会の金融業界に対する要請ととらえるべきでしょう。次のC、Competitorは広く他の金融機関、銀行やノンバンク、さらに証券会社、保険会社がどんなサービスを提供しているかということになります。そして、最後のC、Company、すなわち、私たちは、社会の要請がありながら、他の金融機関があまり取り組んでいないことを行うべきだと考えるのです。

それによって、トップにはならなくても、「オンリー・ワン」は目指すことができます。地域やコミュニティに欠かせないオンリー・ワンのコミュニティ・バンクを目指し続けるということであり、そのためには、「誰もやらないから」という理由は排除し、顧客のためになるのであれば「誰もやらないこと」を実現していくのです。言葉を換えると、群れで行動するペンギンの中で、魚を獲るために天敵が待ち伏せしているかもしれない海に最初に飛び込む勇気のあるペンギン、ファースト・ペンギンになりたいということです。

オンリー・ワンのコミュニティ・バンクとしての矜持

オンリー・ワンのコミュニティ・バンクを目指す取り組みとして、コミュニティ・ローンと並行して取り扱っているもうひとつのローンも説明しておきます。

コミュニティ・ローンの多くは、長期の約定弁済（あらかじめ定められた契約＝「約定」に基づく債務弁済）付き証書貸付です。つまり、借入債務を毎月、一定額で返済して頂く商品ですが、もうひとつ、カードローン形式のローンも揃えています。これだけなら、「ほかの金融機関と何ら変わらないじゃないか」と思われるかもしれません。しかし、ここにも当組合の独自性があります。

まず、極度額は二〇〇万円、あるいは五〇〇万円であり、確かに、これは一般的と言えるでしょう。しかし、当組合のカードローンには通常のカードローンとは大きく異なる部分があります。それは、保証会社の保証付きという商品ではないという点です。というのも、利用者がそれを認識しているかどうかはともかく、一般に販売されているカードローン、たとえば銀行系カードローンはそのほとんどが、ノンバンクや消費者金融などの保証会社の保証付きという商品になっているからです。

保証会社の保証は、販売している金融機関にとっては担保と同様に、利用者が返済できなくなった際の保全手段です。担保の場合には担保権を設定するのに対して、保証会社の保証を活用する際には保証会社に保証料を支払うことになります。したがって、保証会社の保証付きのカードローンの場合には、本来の貸付金利に保証料が上乗せされています。

一方、当組合のカードローンは保証会社の保証は設定していません。つまり、コミュニティ・ローンと同様に、利用する方への信用貸しです。したがって、保証料の上乗せはなく、金利水準を相対的に低く設定することができるのです。具体的に言えば、二〇一七年二月現在、金利は年二・八七五〜三・八七五％です。

このカードローンの話をすると、金融関係者は一様に驚きます。「貸し倒れリスクが高いのに、保証会社を使わず、それほどの低い金利設定がなぜできるのか」というわけです。

答えは簡単です。保証会社を活用していないからこそ低金利が実現できることは今説明したとおりです。それでは、保証会社に代わるような安全弁をいかにして作っているのか。それはコミュニティ・バンクの真骨頂と言うべきものです。私たちはお付き合いしているコミュニティのなかにニーズがあることを認識しているからこそ商品を作り出します。しかも、コミュニティ・バンクとして、ご提供しても安心な方々に限定して取り扱います。たとえば、老舗で二代目、三代目の社長であり、町内会の会長などを務めているような名士の方々は人脈が豊富であるからこそ、それなりにおカネを使わざるを得ません。そのような方々にこの商品をご紹介すると大変に喜ばれます。

そのような方がご返済にならないということは考えにくいのです。少なくとも、私は町内会のトップである方から裏切られるなどとは微塵も思っていません。もちろん、そういう方は担保となる資産を持っておられるでしょう。しかし、担保物件をわざわざ探す必要などないのです。なぜならば、その方は毎日、私たちの目の前におられるからです。

これは、コミュニティにおけるリレーションと言い換えることができます。当組合における貸出の立脚点は「一〇〇〇万円以下は信用でお貸しする」というものです。担保に依存せずに、人物を見てお貸しする。一〇億円をお貸しするというようなことがあれば、それなりの担保を求めることになるのでしょうが、コミュニティ・バンクが取り組んでいる分野は小口金融です。そこでは、人を見て信用でお貸しすることこそ原点と言えます。

このカードローンの取り扱いを始めるや、支店長たちからこんな提案が出されました。

「極度額二〇〇万円とまでいかなくても、五〇万円のカードローンは作れないものなのか」

支店長たちは、担当する地域コミュニティから寄せられた相談を思案していました。そこで、一段と小口のカードローンを職域を前提に提供し始めました。職域とは、特定の会社の役職員向けです。たとえば、「A株式会社ローン」という職域ローンを作り上げて、同社の社長、あるいは社員の方々に提供しています。

とにかく、ライフサイクルのなかで、一時的におカネが必要になることはあります。たとえば、子供が小学校や中学校に入学するとなれば、あれこれと出費がかさみます。多いときには一〇〇万円ほどのおカネが必要となることもあるでしょう。そうしたときに、「第一勧信ならば、低い金利のカードローンを使える」というようにしたいのです。そのためにも、当組合はコミュニティ・バンクとして、会社はもちろん、役職員たちとも密接なリレーションを築くことに注力しなければならないのです。

このように信用組合は組合員である顧客とのリレーションを存立の基盤に置いて、独自性のある様々なサービスを提供し得るのです。したがって、私たちと組合員との関係はきわめて密接と言えます。ところが、私は信用組合業界の人間になって違和感を持ったことがあります。それは信用組合同士が疎遠な状況です。相互扶助という素晴らしい理念をともに有しているにもかかわらず、協調が乏しい関係はどうしても理解できないことでした。ともに、組合員である顧客やコミュニティのために汗を流すことが使命であるとすれば、互いに協力し合って向上していくことこそ大切だと思います。

そこで、私は理事長就任から間もなく、他の信用組合の理事長のもとに挨拶に訪れた際、「協力してやっていきましょう」と申し上げました。実際、私は当組合が実施してきた施策などを積極的に他の信用組合にもお話ししています。私たちが実現できたことをやって頂いて、ともに向上できれば、信用組合業界の顧客のみなさんが喜んでくださると思うからです。それで信用組合業界の評価が高まるならば、それは大変に喜ばしいことです。その意味で、私は職員たちに「敵をまちがえるな」と言っています。

それでは、私たちにとってのライバルはどこなのでしょうか。率直に言って、それはノンバンクだと思います。ノンバンクのビジネスモデルは私たちのものと真逆であるからです。それは、「担保保証があれば、おカネを貸します」というビジネスモデルであり、前述した大数の法則に基づく手法で融資をしているわけです。

そして、融資金利は総じて、相当に高いという特徴があります。私はビジネスモデルの違いからしても、金利の高さからしても、「ノンバンクこそライバルである」と思います。ノンバンクの利便性は私たちにはまねのできないものがあります。一方、私たちはノンバンクのできないサービスを組合員に提供できるのです。

当組合の理事長として四年が過ぎました。今、私はコミュニティ・バンクとしての第一勧信に確信を強めています。コミュニティの数だけコミュニティ・ローンを作る余地はあります。そして、日本社会にはコミュニティが限りなくあります。私たちが取り組むことも限りなくあるのです。

もちろん、一挙に芸者さんローンなどのコミュニティ・ローンを提供するということになったわけではありません。前述のような活動に取り組んでいるうち、様々なコミュニティの存在が見えてきました。元々、信用組合はコミュニティ・バンクとして生まれました。その原点を強く意識し、そこから逸脱せずにさらに向上していくことが私たちに与えられた使命なのです。

しかし、そこに到達するまでに、私たちは懸命に汗を流しました。そのプロセスは次章に書き記します。

第2章

メガバンク役員から経営の厳しい信用組合理事長に
繰り越し損失を四年で一掃するV字回復を達成

コミュニティ・ローンの取り組みを通じて、当組合がコミュニティ・バンクの道を歩んでいる現状をお分かりいただけたと思います。もっとも、まだ満足しているわけではありません。むしろ、まだやるべきことは山積していると気を引き締めている毎日です。

それでも、職員たちの活動ぶりに手応えを得ていることはまちがいありません。少なくとも、この四年間の歩みを改めて振り返り、彼らがいかに変化したかを考えると、その実感が湧いてきます。とにかく、当組合にやってきた当初、私は大きなショックを受けたのです。それは、私の予想をはるかに超えるほど、当組合は大きな問題を抱えていたからです。

金融機関は社会から役に立つと認められてこそ存在できます。当組合の理事長就任の当初、私は、この基本的な問題に直面せざるを得ませんでした。これは、今、職員たちの活動ぶりに手応えを感ずることができるからこそ言えることなのです。

私がみずほ銀行の常務から当組合理事長へと変わったのは二〇一三年のことでした。もちろん、第一勧信の存在は銀行時代から知っていましたが、自分がその組合の理事長になることなど予想すらしていませんでした。

理事長を引き受けたのは軽い気持ちではありませんでした。銀行を退任し当組合に籍を移すのに際して、人生の覚悟は固めたとも言えます。ですが、あらかじめ何をするのかを決め打ちするような準備を整えたわけではありませんでした。言わば、まっさらな気持ちで臨もうと思いました。ただし、これは手ぶらといった気楽な気持ちでやってきたということではありません。

当組合は私が理事長に就任する直前期の二〇一二年度決算期には、前期に続いて赤字決算から脱却したものの、経常利益は二億二七〇〇万円というレベルにありました。預金積金残高は三二〇一億円と前期比横ばいでも、貸出金残高は二二〇七億円と、それまでの減少傾向に歯止めが掛からない状態だったのです。金融再生法の開示基準ベースでは不良債権比率は九・六一%と高止まりしていました。

二〇一〇年に五〇億円の優先出資を受けて財務基盤を強化したものの、過去の負の遺産を背負いながらの苦戦は変わりませんでした。それは繰り越し損失四三億円という数字が端的に物語っていました。繰り越し損失が存在するということは、フローの利益と蓄積した資本などのストックを合わせても処理しきれなかった損失がまだあるということです。

しかし、私はそのような財務上の計数よりも、その背後にあるもののほうを気にしていました。金融機関が取引先企業と接して、その会社の財務状況を改善する手伝いをしたいと思ったとき、たんに数字合わせをするのではなく、その会社の事情や経営者の考え方をじっくりとヒアリングして、ともに課題解決に向かうのが定石です。少なくとも、私はそのような取り組みを実践してきたつもりです。

予断を抱かずに、計数の裏側にある実情を知ることが重要なのです。私はそう考えて、まっさらな気持ちで第一勧信の人間になろうと思い、第一勧信の職員たち、そして、顧客のみなさんと向き合おうと決めたのです。

初の理事長就任パーティーの席で組合員から叱責される

そういう思いをさらに強めざるを得ない出来事に、しょっぱなから遭遇しました。

私は二〇一三年六月に開催された総代会で理事長就任を了承されました。総代会は株式会社の株主総会に相当する重要なイベントです。組合員から選出された「総代」の方々から理事長就任を了承されたことにほっとした私は、その直後に開かれたパーティーに臨みました。

その席上で総代のみなさんとフランクな会話ができることを期待していたのですが、そんな甘い考えは一挙に吹き飛びました。なんと、私は総代のみなさんから当組合の取り組み方についての厳しいお叱りを受けたのです。

「支店を閉じて、職員やＡＴＭまで引き揚げるなんて、どういうつもりだ」「支店が暗くて、汚ない」……。

当組合は厳しい経営状況から脱却できず、出資配当は無配続きでした。しかし、お叱りは無配に対してではなく、日々の取り組みに対するものでした。気楽な気持ちなど毛頭ありませんでしたが、やはり、ショックでした。

そこで、私は何から始めたのか。まず、真っ先に始めたのは職員との個別面談でした。それによって、職員たちが何を考えているのかを知る努力を重ねました。それから、顧客のもとを徹底的に訪問しました。組合である以上、組合を組成している組合員と私はつながらなければなりません。組合員が何を求めているのかを知る必要もあるからです。

当組合の職員は総勢三五〇人（二〇一三年当時）ほどの規模です。したがって、すべての職員との個別面談を行うことは可能と判断しました。みずほ時代も、支店の行員たちとの面談をしばしば実行していました。その意味では面談はお手の物でした。全二二支店を、この日はこの支店と決めて、若い人から順次、一〇人から一五人ほどと面談していきました。パートタイマーの女性も例外ではありません。本部も部署ごとに面談していきました。こうして、職員が抱いている気持ちや支店のムードを把握していくのです。それでも、やはり、約二カ月を要しましたが、そんなある日のことです。面談していると、若手の職員からこんな素朴な質問を受けたのです。

「理事長、担保なしでおカネを貸してはいけないのでしょうか。やはり、貸出は担保フルカバーでない限り、行ってはいけないのでしょうか」

おそらく、この職員は過去に融資したい取引先があっても、審査部門から「全面的な担保によるカバーがないと認めない」と否定された経験があり、そのことが消化不良で頭に残っていたのでしょう。

そこで、私はこう答えました。

「少額であれば担保なしでもいいですよ。むしろ、金融機関は信用供与するわけだから、信頼できる方には担保なしで融資することこそ私たちの原点なのだよ」

また、ある担当者からはこんな切実な訴えを聞いたのです。

「私はお客さまに年金口座の開設をお願いしますとか、定期預金をお願いしますとかしか言ったことがありません。ところが、地方銀行などに入社した大学の同級生たちは、相続税の基礎控除や金融マーケットの話などをお客さまにしているそうです。私はこの先、金融マンとしてやっていけるのでしょうか」

彼は自分が毎日やっている「お願いセールス」に不安を抱いていたのです。

不安を抱き、そして疲れてしまっている。おそらく、顧客はそれに愛想をつかし始めているはずです。私には、そういう状況が手に取るように分かりました。職員面談は大変に有効でしたが、同時に「これは一日も早く手を打たなければいけない」という思いを強めるものでした。信用組合の顧客層は小規模事業者のみなさんです。そうした方々に対応するには、事業者の人となりを見て事業を見て、おカネを貸すという原点の金融しかないのです。しかし、職員面談を通じて認識できたのは、その原点から遠く離れてしまった担保依存の金融という現実でした。これは、直ちに変えていかなければいけないことでした。

協同組織金融の理念とかけ離れた現場の実態に唖然とする

その矢先のことです。下町の支店で面談を終えて、取引先に挨拶に行こうと思っていると、支店長が相談を持ち込んできました。

「精密部品を製造している下町の製造業の一社が、資金繰りに苦しんでいるのです」

話を聞いて、私は「それでは、社長さんに会いに行こう」と支店長に言いました。幸運にも社長さんは外出せずに私たちを待っていてくれました。ざっとした話をお聞きしたうえで、私は社長さんに「それでは、工場を見せてほしい」とお願いしました。

すると、社長さんは私の求めにびっくりしてしまったのです。社長さんはこう言いました。

「この何十年か経営しているが、金融機関の人から工場を見たいと言われたのはこれが初めてだ」

今度は私のほうが驚いてしまいました。なぜならば、経営者の、人を見て、次に現場を見ることこそ金融機関の原点です。それを見ずして、どうして与信判断ができるというのか。いったい、これまで何をやってきたのだろうか。私は、そんな雑な対応をしてきたことに申し訳なさを感じないわけにはいきませんでした。

初めは驚きを隠さなかったにもかかわらず、社長さんは私の申し出を大変に喜んでくれました。工場見学したいというだけで、親しみを感じてくれたようでした。

工場は茨城県にありました。そこまで出向いて、工場のなかを見学させてもらって、いろいろと話をお聞きしました。しかし、同行した職員たちはそのやりとりを傍らで聞いていても、何を見て、何を聞いたらよいのか分からないように見えました。

それも無理のないことでした。なにしろ、提出されてきた稟議書の内容を見ると、担保はいくらなどという数字だけしか示されていませんでした。いったい、この会社が何を営んでいるかが十分に把握できていないのです。「この会社の製品の特長は何か。何が強みなのか」「会社の社歴、社長の経歴」という基本の部分すら十分に把握できていないし、その会社が過去のバブル崩壊や、近年で言えばリーマン・ショック後の不景気をいかにして乗り切ってきたのかも説明できていないのです。

これは稟議書に説明が記されていないというよりも、そもそも、そうした話を聞いていないと言ったほうが妥当な状態でした。

工場内を見学して回ると、素晴らしい工作機械が設置されていました。それだけで精度の高い製品を作っていることが理解できました。また、息子さんが工場長を務めていて、てきぱきと働いていました。この会社には後継者問題もないと安心したことを覚えています。

そこで、この会社の本社に戻って財務内容をチェックしました。資産の内容と金融機関からの借り入れ状況を見ると、機械設備の償却に見合わないペースで約定返済が行われていることがすぐに分かりました。資金使途と返済方法にまったく整合性がなかったのです。五年償却の設備への投資資金を、二年間での全額返済を求めるというやり方をすれば、借り手が返済に窮することはあまりにも当然でした。

そこで、私は経常運転資金の返済方式を手形貸付の実質的な「転がし」(元金、利息を分割返済せずに金利だけを支払い、返済期日に元金を一括返済し、同時に元金と同額を再び一括貸付する)、いわゆる「短コロ」(短期継続融資)に変えて返済負担を極力抑え、五年償却の設備への設備投資資金なのだから、返済期間は償却期間と同じに改めるように、貸出のすべてを組み替えるようにアドバイスしました。社長さんがアドバイスを受け入れて、私たちがすべて対応しました。結果として、資金繰りが大きく改善したことは言うまでもありません。問題は解消しました。

後日、社長さんが大いに喜んでくれたという報告を受けましたが、私としてはうれしいだけではすまされない一件でした。このように資金使途に合わせて借り手の負担を極力軽減するような借入金の組み替えは金融機関としては決して難しいことではなかったからです。ところが、今まで行われていなかったのです。この事実は重たいものでした。

金融機関関係者であれば分かると思いますが、このような対応を貸し方改善と呼びます。貸し方を改善すれば、借り手の資金繰り上の負担を随分と軽減できるのです。つまり、金融機関が顧客のために役に立つための重要な仕事なのです。それをせずに、顧客が資金繰りに窮したままでいるという状況は、金融機関がその責任を果たしているとは到底、言えません。

それどころか、経営者の人となりも知らないし、その人が営んでいる事業もよく分からない。そんな希薄な信頼関係、リレーションのなかでは、本来、取り組むべき無担保の信用供与などできるわけがない。だからこそ、安易に担保や保証制度に依存した金融の姿になってしまっていたのです。第一章で説明したＰＤ（倒産確率）やＬＧＤ（デフォルト時損失率）に偏った実績主義のいびつな金融の姿です。これは私が頭に描いていた協同組織金融のあり方とはあまりにも程遠いものでした。

みずほ時代から、私はリレーションシップバンキングに取り組みたいと考えていました。リレーションシップバンキングとは、取引先企業との長期にわたる取引関係のなかから、経営者の資質や力量、事業の将来性などの定性情報をしっかりと把握、理解して、信用供与するというものです。裏返して言えば、計数で算出される定量情報に基づく担保、保証、格付けに依存しない金融のあり方ということになります。

この考え方が初めて明確になったのは二〇〇三年のことでした。当時、金融危機の最終局面にあって、不良債権の最終処理が迫られるなかで、中小企業マーケットでは金融機関による既存融資の回収、さらには貸し渋りが社会問題化していました。不良債権処理の過程において、担保割れが生じていれば、担保の追加を強く求めたり、あるいは回収見込みがなくなれば担保の確保に走ったりといった荒っぽい行動が、銀行などの間に広がったのです。

やや誇張すれば、そこには顧客との共存共栄、ともに栄えるというような発想はなく、その結果として、将来性のある事業を行っている企業ですら経営を断念せざるを得なくなるという弊害が発生したのでした。

そこで、政府はとくに経営体力が相対的に弱い中小企業との取引に関して、担保依存ではなく、事業をきちんと評価する新たなビジネスモデルの導入が重要であるという認識を強めて、金融庁が議論を重ねた結果として取りまとめたのが「リレーションシップバンキングの機能強化に関するアクションプログラム」でした。そして、この中核的な担い手として位置付けられたのが地域金融機関だったのです。

私は当時、メガバンクも中小企業を顧客にしている以上、本来的には地域金融機関や中小金融機関にこそ求められているリレーションシップバンキングを、メガバンクでもできないものかと考えていたのです。

金融庁はその後もリレーションシップバンキング政策を踏襲してきたわけですが、現実には、その素晴らしい考え方による金融手法は定着どころか、あまり普及せず、多くの金融機関が担保依存のスタイルを続けていました。

だからこそ、現在の森信親長官の時代になって、いよいよ、その考え方が金融行政のなかで鮮明化したのです。それも事業性評価という概念が金融機関の「目利き力」という言葉になって、その能力の発揮を従来にも増して強く求めるようになりました。

たとえば、「平成二七事務年度金融行政方針」のなかで、「国内で活動する金融機関」に対してこう記しています。

「地域に密着した多くの地域金融機関については、地域経済や地場の産業・企業の発展に貢献することが自らの経営の健全性の確保にもつながる。そうした国内で活動する金融機関については、営業地域における顧客層のニーズを的確に捉えた商品・サービスの提供を行うとともに、地域の経済・産業を支えていくことが求められる。また、担保・保証に依存する融資姿勢を改め、取引先企業の事業の内容や成長可能性等を適切に評価（事業性評価）し、融資や本業支援等を通じて、地域産業・企業の生産性向上や円滑な新陳代謝の促進を図り、地方創生に貢献していくことが期待される」

この方針は本来あるべき金融への回帰であるという考え方のみならず、わが国経済が成長力を取り戻すには、将来性のある中小企業のすそ野を拡大することが重要であるという認識と言えるでしょう。さらに言えば、人口減少が進行する地方経済のなかで、地域金融機関が貢献する大きな役割と言えるでしょう。そうしたなかで、当組合に籍を移すということになったとき、私が頭に描いた協同組織金融機関のあり方もこのようなリレーションシップバンキングだったのです。ところが、実状はあまりにも程遠いものでした。

顧客訪問で居留守を使われたり、怒鳴られたり……

予断を抱かずに白地のカンバスのような心境で当組合の一人となったのですが、私は日を置かずして、次第に取り組むべき課題が見えてきました。それも悠長なことはやっていられないという気持ちを伴ったものでした。

私は現実の厳しさから、自分が抱いてきた理想の看板を下ろすようなことは絶対にしたくありません。私が地域金融の理想として描く、無担保による信用の金融を実現するために取り組むべき課題への挑戦が、いよいよ始まりました。

もっとも、それは、ある日、職員たちに向かって「信用による金融を始めよ」と号令を出せばできるようなことではありません。たとえば、私が基本的行動と考えてきた工場見学すら行われてこなかったわけです。したがって、職員たちに基本を植え付けることから始めるしかありませんでした。

ひと通りの職員面談を終えて、次に顧客のみなさんのもとを訪問する毎日となりました。五月に着任して直後、約一カ月かけて前理事長との挨拶回りをしていましたが、今度は私が一人で顧客訪問に向かったのです。

とにかく、当組合に籍を置くと決まったときから、あらかじめ何をするかを決め打ちするようなことはしないつもりでいました。何よりもまず、職員たちと会って会話し、顧客のみなさんのお話に耳を傾けて、そのなかから感じたことを形にしていきたいと思っていたのです。もちろん、みずほ時代の経験はベースにあるにしても、何と言っても、私にとって初めての職場なのです。分かったつもりになることは排除しないといけないと心に決めていました。

私がそうした気持ちで「お客さま回りをするから」と言うと、部下たちは支店と連絡をとりつつ、訪問スケジュールを作ります。ところが、それを見ると、一人の顧客への訪問時間が一〇分刻みに並んでいて、一日二〇件ほどの訪問件数となっていました。部下たちには、私が顧客訪問をする意図が伝わっていませんでした。「よろしくお願いいたします」と言って名刺を交換するだけの挨拶回り程度のことと思ったのでしょう。

そこで、「一社当たり一時間のスケジュールで考えてほしい」と指示しました。そのくらいの時間を費やさなければ、顧客のみなさんのお話をじっくりと拝聴できるわけがないからです。つまり、私はこのとき、たんなる挨拶回りではなく、顧客のみなさんが当組合をどう考えているのかをお聞きしたかったのです。そこでは、お体裁の言葉や形式的な挨拶などは不要です。顧客のみなさんからの率直なご意見をじかに聞きたい。顧客訪問の意図はここにありました。

私はみずほ時代も積極的に取引先を訪問していました。それどころか、取引先のみなさんがあれこれと相談に来て頂けるような状態であり、それに積極的に対応する毎日を送っていました。

それだけに、いざ、顧客訪問を始めると、私にとってはきわめて意外な事態に遭遇することがありました。職員との面談を通じて、ある程度の予想はしていましたし、その数カ月前の二〇一三年六月の総代会では、総代のみなさんからお叱りを受けたばかりでした。

したがって、顧客訪問の際には、顧客からそっけない対応をされるくらいの覚悟はしていたつもりです。それでも、顧客訪問で私は愕然とさせられることに遭遇しました。

たとえば、訪れた先で居留守を使われてしまうことすらあったのです。「第一勧信の理事長になりました新田です」と挨拶しながらうかがっても、明らかにおられる気配があるのにもかかわらず、姿を現して頂けません。

あるいは、ドアを開けて「第一勧信の新田です」と挨拶の声をかけるや、間髪入れずに「何も買うものはないから」と突き放されてしまうのです。理事長がトップセールスに訪れたと誤解されてしまったわけです。職員の話から「お願いセールス」の毎日という感触は得て、「お客さまは寂しい思いをしているだろう」とは思っていましたが、もうそれを超えた状況になりかけていたのです。

それどころか、訪問した端から、怒鳴りつけられたことすらありました。名刺交換して「よろしくお願いします」と頭を下げたとたんにこう叱り飛ばされたのです。

「お前の信用組合はとんでもない金融機関だ。融資姿勢を改めよ」

私はいったい、何のことか分からず、茫然としてしまいました。「どういうことですか」と尋ねてみると、要は、「マル保（信用保証協会の保証制度）を利用しないと融資できません」、あるいは「担保割れしたので、これ以上の担保がなければ融資できません」と突き放されたことがあるという話なのです。

「俺は、三〇年取引してきたのに、たかだか一決算期に赤字になっただけで追加融資を断られた」というような話も聞かされました。

「これはまずいぞ」

このような話を聞かされるにつれて、私はもはや、悠長に構えている時間はないことを強く痛感せざるを得なかったのです。

専門相談員配置と会員制組織発足で事業金融へ斬り込む

今だから明かせますが、こうした厳しい状況が当組合の理事長に就任した出発点だったのです。それを改善することにためらう理由などありません。いよいよフル稼働の毎日が始まりました。

最初に着手したのは「総合コンサルティング部」の設置でした。今や、顧客の資産運用や資産形成の手段は多様化しています。しかし、たとえば、投資信託や保険について、協同組織金融機関で対応しているところは限られています。預金積み金をセールスするのが主流であり、投信信託や保険などに対する顧客のニーズに応えられていないのです。ご相談に応じることができる態勢すら整えていないというのが実情と言えます。私も当初、それほど充実させようとは思っていませんでした。

ところが、ちょうどそのころ、翌年の二〇一四年からＮＩＳＡが導入される運びになったのです。国がＮＩＳＡ導入に際して想定した対象層は、当組合の顧客層に重なります。そこで、私は「これはやるしかない」と決断しました。具体的には積立投信の取り扱いを始めることにしたのです。そのために本部に設置したのが「総合コンサルティング部」でした。ここをベースにして、投資信託だけではなく保険も扱うようにしました。

ただし、部門を立ち上げても、それを扱う専門家がいなければ何もできません。そもそも、当組合では、取り扱いの実績は乏しく、内部にはそのような人材はいなかったのです。それらの商品を取り扱うにしても、職員たちを教育できる人材を外部から確保することが急務でした。

専門家の一般採用です。職員と顧客に対して、その豊かな知見を話してくれる人を募集したのです。採用条件は「大手証券、大手保険会社を退職した年齢六〇歳以上の方」「ボランティア的な立場で」「ノルマは一切なし」というものでした。投資信託、保険の相談員に就任してもらい、顧客の相談に乗ると同時に、職員教育の要になってもらうためです。

募集の結果、六人の主任相談員を採用できました。なかには、大手証券で数カ店の支店長を経験したような人もいます。この人たちには「ノルマなしで、私たちの顧客、つまり、組合員にあなたの良心に従ってアドバイスしてほしい」と要請しています。

具体的には、六人の主任相談員がそれぞれ各支店を担当しています。ひとつの支店に週一日の巡回ペースです。支店側からすれば、顧客に「主任相談員は毎週月曜日に参ります」と説明できます。担当者が顧客を訪問して、投信や保険で相談されれば「月曜日に相談員がおりますので、次の月曜日にアポイントを頂けますか」という話になるのです。そして、月曜日に担当者と主任相談員を同行させて、担当者には主任相談員が話す内容を脇で聞かせるようにしています。

知識の収集と「ロールプレイング」を必ずミックスしてやっていくというのが私流のやり方です。この分野でも実地で体験させて、さらに集合研修の場ではロールプレイングして、さらに実地に向かわせています。

続いて、打ち出したのは顧客向けの会員制組織の発足です。取引先企業などとの親睦を図り、様々な相談を受けるようにするためです。じつは、当組合にはかつて支店ごとに、そのような組織があったのですが、いつの間にか、全二二カ店中で二つの支店にしかない状況になっていました。その意味では、親睦組織の再構築であり、組織名を「かんしんくらぶ」と名付けました。

それから、いよいよ、事業金融の本丸への斬り込みでした。まず、二〇一四年四月には、審査部のなかに「事業戦略室」を設置し、二人の専担者を配置し教育制度の立案・策定を担わせました。その一環として「事業金融相談員制度」を作ったのです。

そこで、まず着手したのが、工場見学の手引き資料策定でした。具体的には「工場見学のポイント」と題するマニュアルです。とにかく、職員たちと話し合っていると、「会社訪問しても経営者と何を会話していいのかがよく分からない」とか、「工場見学といっても、何を見てくればいいのか」というような声が上がっていたからです。

続いて策定したのが「目利きシート」です。担保に依存しない信用による与信を行うには、経営者の人となり、経歴など定性情報を把握していくことが重要です。それが身に付いてこそ、人を見る、事業を見るという「目利き」の能力が育っていきます。まずは、「工場見学のポイント」と「目利きシート」による実践学習によって、あるべき金融を目指す土壌を作り上げることにしたのです。

ちなみに、相談員制度は事業金融相談員だけではありません。すでに紹介した顧客のおカネの運用に関して、保険の相談員、投資信託の相談員を導入していましたが、「事業金融」と同時に、「不動産」「暮らしとおかね」の相談員も創設しました。それぞれの分野で職員が勉強できる態勢を備えたのです。

また業務を多様化すれば、それに伴って様々なルールの遵守の態勢を強化することが必要になります。そこで、コンプライアンス部門を独立させて、「コンプライアンス・お客さま保護マニュアル」も策定し、態勢を整備いたしました。「工場見学のポイント」「目利きシート」の詳しい内容については後段に譲って、ここでは、私が当組合で当初に直面した体験談に戻りましょう。

「祭りに飛び込め！」「町内活動に参加せよ！」

私はみずほ時代、「祭りに出る常務」と言われていました。地域に密着するためには、地域の行事への参加がきわめて大切なことだと思っていたからです。ところが、当組合に来て驚いたことに、コミュニティ・バンクであるにもかかわらず、職員たちがまったく地域の祭りに参加していなかったのです。

これは職員たちが怠けていたわけではありません。祭りには出なくていいという経営の方針だったのです。その結果として、支店でも町のイベントのスケジュールなどをきちんと把握し切れていませんでした。そこで、私は「祭りに参加しよう」と職員たちに呼びかけました。祭りだけではありません。ゴミ拾いなどの町内会行事にも参加しようと呼びかけました。

支店の職員たちが町内活動など地域コミュニティの活動に参加せずにセールス活動だけを行っていたら、どうなるでしょうか。その町の中に彼らの居場所が次第になくなってしまいます。これは、コミュニティ・バンクとしての存否に関わる問題と言えます。

しかし、長らく、そうした地域コミュニティの活動に参加していなかったため、私が「参加しよう」と呼びかけても、当初は「そんなことをやっても意味があるのですか」という疑心暗鬼の気持ちになる職員たちもいました。私は、症状は軽くはないなと感じました。

「地域金融機関なのだから、それをやっていれば意味が分かってくる」

私自身ができる限り参加しながら、そう説いて参加を進めました。土・日曜日に参加したら、それは仕事なのだから平日に代休をとるようにとも指導しました。

そうしたなかで、私には大変にありがたいことがありました。心強い援軍が現れたのです。一人は現在、副理事長を務めている赤平眞樹雄さんです。当時も専務理事と

第一勧信羽田支店が「ふれあいまつり羽田・萩中」に、提携先の糸魚川信用組合の地元名物「ブラック焼きそば」の露店を出店（写真右端より、赤平眞樹雄副理事長、西潟実理事会長、著者、女性を挟んで、黒石孝・糸魚川信組理事長）。

いう要職をこなしながら、真っ先に現場第一主義の活動を始めてくれたのです。赤平さんは私の出身母体でもある旧第一勧業銀行の先輩であり、私よりも早く当組合に移っていました。その人が私の方向転換にいち早く同調して、顧客接点の強化に動いてくれました。

地域のお祭りにもどんどん顔を出してくれたのです。前述した支店ごとの顧客親睦組織である「かんしんくらぶ」にも忘年会などの行事には率先して参加してくれます（上写真参照）。

本部の専務理事（当時）が参加するのですから、地域のみなさんが喜ぶことは言うまでもありません。もし、現在、当組合が復活したと言えるのならば、その最大の功労者は赤平さんであると私は思っています。

理事長と専務理事が率先してコミュニティ活動に参加するのですから、次第に営業現場の職員たちも動き出しました。

当然ながら、盆踊りなど地域の行事に参加すれば、その町内では「今度の支店長はなかなかいいじゃないか」という評価をしてくれるようになります。盆祭りの翌日には、町内の人たちが支店のロビーに足を運んでくれて「昨日はお疲れ様だったね」と労ってくれます。この言葉ほど、うれしい気持ちにしてもらえるものはないはずです。

二〇一四年四月、新中期経営計画「かんしんSmile50」を策定・開始しました(左図参照)。これは私が理事長になって初めての中期経営計画でした。その策定の際に、私は経営理念からスローガンまですべてを一新しようと考えました。ちょうど創業五〇周年にあたるというタイミングだったことも意識していました。

とはいえ、中期経営計画を私一人で策定することなどできません。社内のみんなに相談しながら決定していったのですが、そのとき、現在、理事会長であり、当時、理

かんしんSmile

50

経営理念

地域とのふれあいを大切にし、皆さまの幸せに貢献いたします。

スローガン

気軽で温かみのある信用組合を実現します。

●お客さまをいつも笑顔でお迎えする信用組合にいたします。
●お客さまから何でもご相談いただける信用組合にいたします。
●地域の一員として、地域の発展に貢献する信用組合にいたします。

新中期経営計画

■実施期間: 平成26年4月1日～平成29年3月31日（3ヶ年計画）
■コンセプト:『おかげさまで創立50周年、皆さまへの感謝をこめて』
■愛称: 「かんしん Smile 50」

基本方針

Ⅰ. **笑顔で明るい店づくりを実現いたします。**
●地域の皆さまに気軽にご来店いただき、明るい笑顔のおもてなしで居心地のよい窓口・ロビーにいたします。

Ⅱ. **お客さまとの一層のふれあいを実現いたします。**
●スピードとフットワークのよさで、より多くのお客さまとのふれあいを大切にいたします。

Ⅲ. **お客さまの多様なニーズにお応えします。**
●金融商品・サービスの充実、ビジネスマッチング等で、お客さまのお役に立つ金融機関を目指します。

Ⅳ. **地域の発展に積極的に貢献いたします。**
●地域の行事に積極的に参加し、地域貢献を実行してまいります。

気軽で温かみのある
DKC 第一勧業信用組合

事・本店営業部長を務めていた西潟実さんなど多くの人から寄せられたのが「気軽で温かみのある」という言葉の復活でした。この言葉は、当組合が五〇年前の一九六五年に地域型信用組合の第一勧業信用組合として創業した際に掲げたキャッチフレーズだったのです。

私は大賛成して「気軽で温かみのある信用組合を実現します」を新たなスローガンに決定したのです。そこには理由がありました。

私は当組合にやってきて、「町内活動に参加せよ」「人とコミュニティの金融だ」と言って、「町の人たちと仲良くすることこそ、我々の仕事である」と説き続けたのですが、それはそもそも、創業の精神そのものだったと言ってもいいのです。ところが、当組合は、不良債権処理に追われたりした時代のなかで、いつの間にか、創業の精神を喪失しかけてしまっていたのです。そこに、突然、みずほからやってきた新参の理事長が原点に戻れと言わんばかりに、コミュニティ・バンクのあるべき姿を唱え出したわけです。「気軽で温かみのある」という言葉の歴史は、そんな私の背中をさらに押してくれるものでした。

セールスを禁止し、集金を復活させて「第二の創業」へ

私はもう一歩、改革の歩みを進めました。それは「セールスは一切禁止」の方針です。この方針を出すにあたって、こう説明しました。

「私たちの仕事はお客さまと仲良くなる、お客さまに喜んでもらうことです。仲良くなることをしてください。そうすれば、お客さまはあなたたちにいろいろと相談をするようになります」

しかし、やはり、職員たちは疑心暗鬼になりました。「セールスして実績を上げなければ成績が悪くなる」と思ったからです。無理のない話ですが、かなりの反発がありました。

これに対して、私は幾度も「お客さまと仲良くなること、お客さまが喜ぶことがあなたの仕事です」と繰り返していました。

そこに、再び、援軍が現れました。先述した西潟さんです。当時、理事・本店営業

部長の西潟さんと顧客訪問した帰りに、私の方針について話し合っていると、彼はこう言ったのです。

「理事長、やっぱり、それでいいんですよね」

西潟さんは初代の宮田貞光理事長の時代から当組合に勤めている生え抜きのベテランです。彼は「気軽で温かみのある」という言葉の精神を知っていたからこそ、この言葉の復活も望んだのでした。西潟さんの「それでいいんですよね」という念を押す言葉に私が大いに勇気付けられたことは言うまでもありません。

当時、高度成長経済の真っただ中にあって、金融機関の最大の仕事は預金を集めることにありました。現在と違って、全国的に設備投資のためにおカネを借りたいという企業の資金需要が旺盛であり、つねに法人部門は資金不足という状況にありました。それに応えるためには、金融機関は庶民の資金を預金として吸収することが欠かせなかったからです。

そこで、当組合は「預金集めは心集め」という独自のフレーズの下で、職員全員で集金して預金を集めて、顧客の心を集めていたのだそうです。もちろん、地域活動にも意欲的に参加していたのです。

しかし、時代が変わると、法人部門の資金不足が解消されていきました。資金需要は停滞し始めて、「預金を集めるならば、融資をせよ」と言われるようになると同時に、信用組合にも銀行のような効率性の追求という発想が持ち込まれました。集金などに回ることは非効率ということになってしまったのです。しかし、創業時の精神を知っているようなベテランの職員たちは心のなかで、「集金はやってはいけない」などのその後の変化に悩んでいたわけです。

実際、私は面談の場で、あるベテラン職員から「お客さまが集金に来てほしいと言っているのですが、やはり、ダメなのでしょうか」と尋ねられました。私は間髪入れずに「ダメなわけはありません。集金に行きましょう」と言いました。ことほどさように、ベテラン職員はその経験上、顧客に喜ばれて親しくしてもらえることとその重要性を知っていました。集金に行けば「今日もご苦労さん」と言われ、町内会の活動に出席すれば「ありがとう」と声をかけてもらえるのです。

ところが、その面談時に分かったことには、当組合では集金に消極的であったことから、集金業務を規定している「集金事務手続」が更新されていませんでした。金融機関は、顧客の大切な財産であるおカネを扱っています。したがって、業務は「手続」という社内規定に基づいて行われます。手続が改定されていないと円滑な業務は行えないのです。そこで、当組合の集金業務復活は新しい「集金事務手続」を策定するところから始めたのです。

むろん、これですべてが解決したというほど、物事は単純ではありませんでした。私がやろうとすることに対して、一部の職員たちからは「理事長、今まではこのようにしてきました」という反発が起きました。そのような反発が起きることをある程度は予想していました。どこでも、それなりに長年続けてきた方式を切り替えるとなると反動が生ずるものです。それが根本的な変更であれば、なおさら反発が起きてもおかしくありません。

私はその声に対して、こう返しました。

「それは知っています。しかし、今までそのやり方でうまくやってこられたのかな」

その後、私は「今までそうやってきたが、うまくいかなかった」ことを徹底的に変えていきました。「第二の創業」という表現で、経営理念からスローガン、人事制度から手続関係、組織体系、そして、業績評価制度まで、何から何まで変えていったのです。私が理事長に就任する以前の社内制度などは、今はほとんど残っていないと言っても決して過言ではないほどの抜本的な改革を断行しました。

その過程では、赤平さん、西潟さんに続いて、もう一人、強い援軍が現れたことに触れないわけにはいきません。現在、人事・審査担当の専務理事に就いている谷中利広さんです。私が抜本的改革に走り出したとき、谷中さんは理事・審査部長でした。「担保主義の脱却」「担保に依存しない信用による与信」と主張し続けていた私に対して、貸出債権の保全や厳格な債務者区分管理などこそ使命とする審査部が対立することは避けられない出来事であり、一年以上、毎日のように私とぶつかり合ってきたのが谷中さんでした。これは決して誇張ではありません。激しい議論を繰り広げていたのです。

ところが、忘れもしない二〇一四年一〇月の支店長会議のときのことです。私の隣に座っている谷中さんに方針説明の順番が回ってきました。そこで、谷中さんは部長、支店長たちにこう話し出したのです。

「お客さまの人物は申し分ないが、従来の担保主義の観点から対応できずに埋もれてしまった先への再アプローチをお願いします」

それを聞いた私が驚いたことは言うまでもありません。「えっ!」と思って聞いていると、谷中さんはこう言葉を続けたのです。

「従来、支店としては絶対に返済可能と判断でき、融資をしたいが、担保割れがあり審査部門が拒絶するからという理由で断念し、そのことで融資先が離れていってしまったと審査部としても反省しています」

私は驚きというよりも感動、感謝の気持ちでいっぱいになってしまいました。このとき、谷中さんが打ち出した方針は、私にとって「決定打」となったと言っても過言ではありません。そして、私は強い同志を三人得たのです。いよいよ確信を深めました。

まさに「第二の創業」でした。そのときにはすでに、新しい信用組合を作り上げるという覚悟を固めていたのです。私が頭のなかに置いていた白地のカンバスの上には、いつの間にか、デッサンが明確に出来上がりつつありました。それは「まったく新しい第一勧信を作る」ということでした。

まず、「第二の創業」ということで、目に見えるところから、老朽化した店舗の全面的な見直しに着手いたしました。建物の耐震診断や設備の老朽化チェックを行い、明るく、安全で清潔な職場環境の下で職員に働いてもらい、組合員のみなさんをお迎えしたいとの思いでした。

結果的に現在までの四年間で、羽田支店、亀有支店、鶯谷支店、向島支店、抜弁天出張所、足立出張所の六拠点を新築し、本店、墨田支店、東浅草支店、東十条支店、東銀座支店、秋葉原支店、大森駅前支店、中野新橋支店、要町出張所、東早稲田出張所の一〇拠点の改修、営繕を実施いたしました。また、現在、千田町支店、水元支店の新築計画を進めているところです。当組合の二六拠点のうちなんと一八拠点について対応したことになります。

見直しにあたっては、とくに女子更衣室やトイレは優先いたしました。また、会議室や食堂は町内会やお祭りなどで町の方々に開放できるよう、できるだけ工夫いたしました。職員の気分を一新し、お客さまや職員の満足度向上に資することができたらと考えたからです。

「人事評価は、結果の定量評価ではなく、プロセスの定性評価に」

私はらせん型の歴史観とでもいうべき考え方を持っています。このときもそうでした。「まったく新しい信用組合を作る」ということのエッセンスは、約五〇年前の「創業の原点に返れ」というところにありました。そう説明すると、ある職員は「過去に戻るのか」と言いました。私はこう答えました。

「そうではない。未来に進むのです。そのためにも過去のとても懐かしいもの、大切だったものを振り返って確認していくのです」

これは、私が持論として語っている「量から質の時代」「カネ・モノから人の時代」という価値観に通ずることです。元来、信用組合は「人」から入っていった金融機関でした。協同組織金融機関はそれこそが原点です。したがって、「人こそを見よ」「お客さまを知れ」「お客さまの家族の悩みを聞いてこい」「慶弔関係を軽視するな」と職員たちに言い続けているのです。これを、ベテラン職員ほど懐かしく思ってくれて、親和性を感じてくれます。なぜでしょうか。かつて、信用組合はそうした金融機関だったからです。

しかし、たんに原点に戻るだけではありません。「未来型信用組合」「和魂洋才」等々、私はいろいろな表現を使って説いていますが、変わってはいけない原点のあり方をベースに立脚しつつ、変わらなければいけない部分を変えて未来型の志向になっていくのです。たとえば、顧客の資産運用であれば、五〇年前は預金さえあれば十分にニーズに対応できました。しかし、今はそうではありません。証券商品や保険商品もあります。したがって、それらの勉強をしないといけません。

そこで、「総合コンサルティング部」を創設して、プライベートバンキング型のサービスをできるだけ地域の高齢者などのみなさんに提供できるようにしたわけです。ただし、これは、あくまでも、顧客のためになるアドバイスを行うためです。繰り返し申し上げるように、金融機関本位のプロダクト・アウトの発想で投資信託や保険を販売するのではなく、顧客の悩みをお聞きして、その解決のために顧客に信頼され寄り添うという私たちの原点を守ることを目指したものです。先に紹介した「事業金融相談員制度」もそうです。信用でこそ融資できるようにすることを目指して職員教育するために始めました。

二人の人員で立ち上げた事業戦略室のミッションは「目利き力ナンバーワン」です。とにかく、私たちは人を見て事業を見ておカネを貸す金融機関になる。そのために、当組合を「目利き力がナンバーワンだ」と言われるようにしようということです。

そこで、職員のなかから信用で融資をすることを勉強したい者を募りました。そして、一年間のカリキュラムを策定し、私もそのスケジュールのなかに講師として入って、そもそも、「目利きとは何か」「『人を見る』とは何を見ることか」「『事業を見る』とは、何を見ることか」ということから徹底的に教育し始めました。そのために作り上げたのが、第三章で詳しく説明しますが、「目利きシート」や「工場見学のポイント」であり、さらには、その他の研修教材です。

事業戦略室、事業金融相談員制度を新設しただけではありません。それらの取り組みをすべて反映させるように、業績評価制度を抜本的に組み替えました。

そもそも、私は「ノルマ」という考え方が非常に嫌いです。とくに、短期的な収益志向に陥るような収益計数目標などのノルマについては、百害あって一利なしと思うほどに否定的です。そこで、私はこう言いました。

「収益目標など計数の目標はすべて外しましょう」

しかし、これはさすがに幹部のみなさんの強い抵抗に遭いました。致し方なく、私は不本意ながら完全撤廃は取り下げたものの、「とにかく、計数目標のウエートをできるだけ小さくするように」と指示しました。その結果、従来は収益など計数目標がすべてだった体系の中枢部分をプロセス評価に切り替えました。実績という結果から、どのように取り組んでいるのかという過程に評価の重点を移したのです。

現在、支店を対象とする当組合の業績評価は一万三五〇〇点満点となっています。中途半端な点数体系と思われるでしょう。じつはこれには理由があるのです。

元々は、収益計数目標を六五〇〇点、内部管理三五〇〇点の合計一万点という体系でした。つまり、収益計数目標の評価ウエートが高い体系に作られていました。それに対して、私が収益計数目標ゼロを主張し、周囲から「それはやりすぎ」と反対され、その折衷案として収益計数目標五〇〇〇点、定性評価五〇〇〇点、そして、内部管理三五〇〇点の合計一万三五〇〇点という変則的な体系になったのです。しかし、収益計数目標のウエートは全体の六五％から三七％に引き下げることができました。

そして、定性評価は、たとえば、「目利きシート」に記入したら一〇点、工場見学に行けば五〇点という加点方式の評価としています。これで何を目指したのかと言えば、狙いは明確です。人を見て、事業を見るという目利き力の向上に向けたインセンティブ作りなのです。

そのうえで重要なのは、やはり、教育です。投資信託、保険の取り扱いについて主任相談員によるＯＪＴ（オン・ザ・ジョブ・トレーニング）的な教育と研修のマッチングを導入したように、事業金融もマッチング方式を導入しました。事業戦略室のメンバーが担当者とともに顧客のもとを訪問します。たとえば、債務者区分上で要注意先の会社から「新規におカネを貸してほしい」と相談されても、支店の担当者だけではどう対応してよいのかが分かりません。後日、担当者は事業戦略室長と顧客を再訪して、室長が顧客に次のようなポイントを尋ねていきます。

「売上は最近どうですか？」

「在庫や売掛金、買掛金の水準は？」

「新規の設備投資の計画は？」

担当者はこのやり取りを傍らで見聞きして体得し、月一回のペースで開催する集合研修の場において、実地に基づくロールプレイングをやります。このようにして、資金運用表の見方やその策定方法、顧客に対するヒアリングの仕方を体得していくのです。改めて言うまでもなく、経営状況が万全とは言えない要注意先の顧客に対して真摯に相談に乗り、問題解決の道を考えておカネを貸すための知識を得るための教育です。


私が理事長になって三年目には、研修のメニューも多くなっていますが、最初の二年間に貸出サイド、資産運用サイドの研修を抜本的に変えて導入する一方で、その目標に対する業績評価の組み込み方も併せて大きく変えるというように、社内態勢を一気に変更いたしました。

これは、本来求められていることを果たす金融機関としての「現場力」を一から作り直すためでした。その起点となったのは、職員面談と顧客訪問を通じた実情把握です。しかし、その厳しい状況に茫然としているような余裕はありませんでした。とにかく、信用による与信という本来の役割を果たして、社会から役に立つ金融機関にならないと、私たちの明日はなかったのです。社会から必要と思われなくなれば、私たちの存在は否定されたと同然だからです。

四三億円の繰り越し損失を四年で一掃するV字回復

とにかく、私は必死でした。あえて言えば、三六五日二四時間休まずに走り続けました。そう言っていいほどに没頭しました。

とはいえ、当初、多くの人たちが私の方針に対して疑心暗鬼でした。なかには「理事長が代わるたびにガラガラと音を立てるように社内の仕組みが変わってしまう」とボヤいていた職員たちがいたことも承知しています。そこで、こう言ったのです。

「これは今までのような作業ではない。正しい方向に抜本的改革を進めているのです。だから、取り組んで欲しい」

とにかく、私の路線についてきて欲しいという思いでした。

ところが、そのうち、組合のなかのムードが変わってきたのです。私の取り組みに追い風が吹き始めたからです。まずは、それまで低迷し続けていた業績が回復に向かい始めました。教育・研修の正しさが立証され始めたと言ってもいいでしょう。貸出面では新規実行が反転・増加に向かい、貸出金残高が増え始めました。顧客基盤の剝落に歯止めが掛かったのです（九七ページ図表参照）。

そうなれば、収益状況も改善に向かいます。二〇一四年三月期は経常利益一〇億一四八三万円、当期純利益一一億〇五九五万円に伸びました。理事長就任から一年を経た同年六月の総代会は、私の明確な路線を示した新中期経営計画を説明するとともに、無人出張所四カ店の有人化を議題に掲げて了承されましたが、それよりもうれしかったことがありました。ひとつは繰り越し損失の圧縮です。四三億円から三二億円への縮減を報告できました。そして、もうひとつは、私の大切な同志と言える赤平さんを副理事長に、西潟さんを専務理事にする人事が了承されました。

さらに二〇一五年三月期も前期とほぼ変わらない収益水準となり、繰り越し損失はさらに一七億円に圧縮させ、総代会では谷中さんの専務理事昇格が承認されました。と同時に、西潟さんの理事会長への昇格を総代会に諮り、了解されました。この人事について、総代のみなさんからは、大きな拍手をもって歓迎され、「素晴らしい人事」とおほめを受けました。二年前の総代会で理事長就任直後に叱責を受けたことが嘘のような明るいムードでした。

そして、二〇一六年三月期も収益状況は良好でした。繰り越し損失の一掃は目前となりました。実際、同年九月末の仮決算までに繰り越し損失は一掃となったのです。おそらく、当組合ほどの規模の金融機関で、このようなペースで四三億円の繰り越し損失を一掃したという事例は、過去にほとんどないのではないでしょうか。

いまや、理事長就任から三年目で貸出金残高は三〇〇億円増加しました。預金残高は横ばいであっても、投信と保険を合わせて一〇〇億円以上増えて、預金残高を加えた預かり資産残高としては大きく反転増となっています。顧客基盤は着実に拡大して

わずか4年でV字回復を遂げた

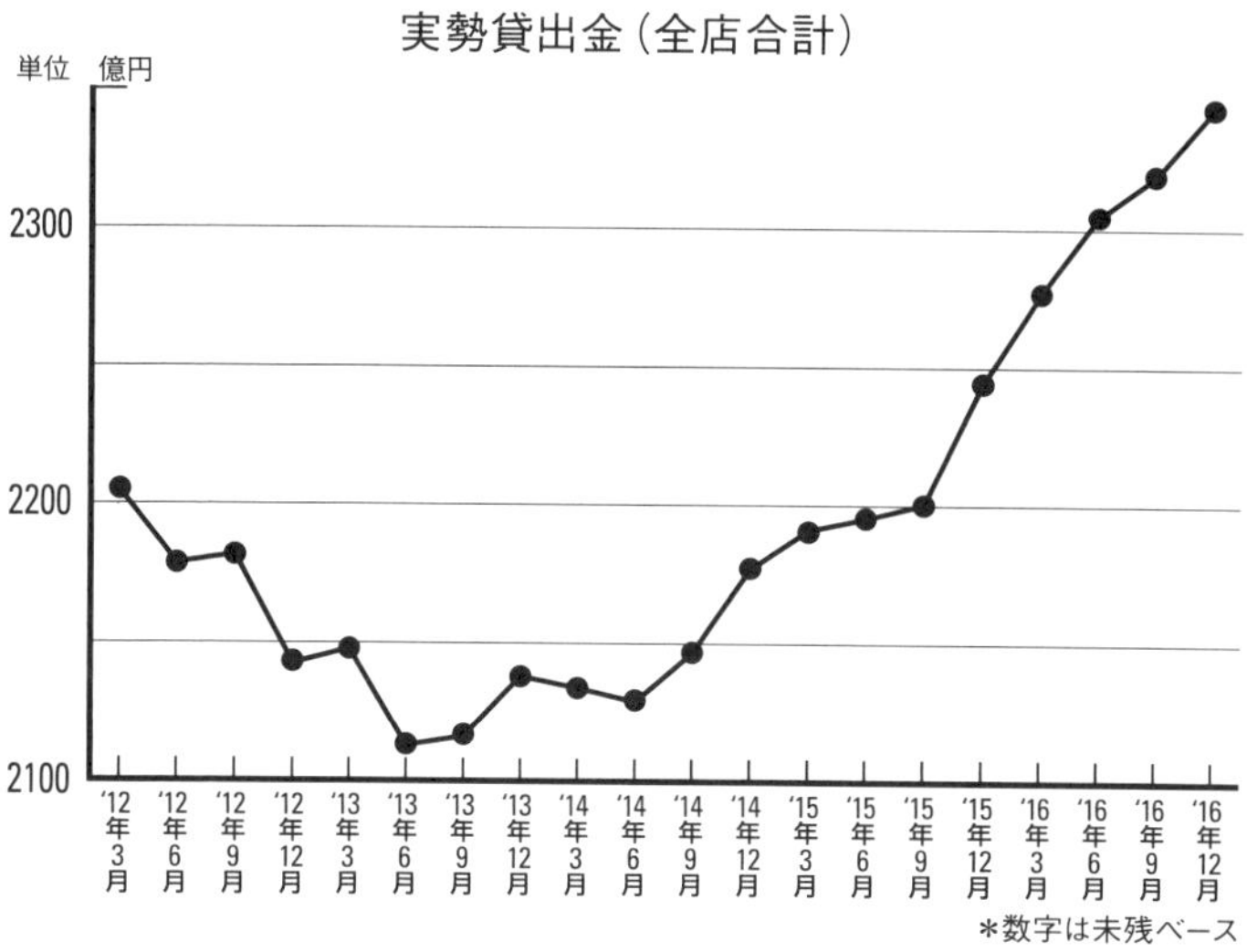

主要経営指標の推移

単位　百万円

	2012/03	2013/03	2014/03	2015/03	2016/03
預金	319014	320129	314550	318295	313202
貸出金	225930	220712	217981	223477	231867
預貸率（%）	70.82	68.94	69.29	70.21	74.05
経常利益	145	227	1014	957	1260
純利益	118	225	1105	1127	1472
繰越損失	4301	4347	3241	1786	314

＊預貸率は預金に対する貸出金の割合

いると思っています。

この流れは、当組合に好循環を生んだと言えます。私が唱えた「協同組織金融機関としてのあるべき姿に進化しながら戻る」という改革に対して、当初、疑心暗鬼だった職員たちがそれでも取り組んでいるうちに顧客基盤や収益面で手応えを感じ始めて、やる気を増していき、さらに手応えが増すという好循環です。これは大きな追い風でした。

協同組織金融の原点に立ち返り、さらに進化へ

ちなみに、日銀による量的緩和やマイナス金利政策の下で、貸出金利引き下げが金融機関の間で横行しているという話を聞きます。しかし、当組合では貸出金利は小幅な引き下げにとどまっています。顧客のみなさんが金利の低さではない面で当組合を評価してくださっているからです。

たとえば、こういう事例がありました。当組合と他の金融機関が並列で融資してい

る取引先企業から「もう一方の金融機関から、貸出金利を下げるから第一勧信からの借入を全額うちに肩代わりさせて欲しいと言ってきている」と告げられたのです。確かに、その金融機関が提示している金利は当組合よりもかなり低い水準でした。

すると、しばらくして、その取引先の社長さんが「あちらの借入分まで第一勧信に変えたい。対応してくれますか」と言ってこられたのです。あちらの金融機関の強引な姿勢に社長は立腹してしまったのです。もちろん、当組合の日頃の取り組みを評価してくださったからでもありました。

これも好循環の追い風がもたらした出来事と言っていいと思っています。

しかし、追い風はこれだけではありませんでした。もうひとつ、強い追い風が吹き出したのです。森信親長官が率いる金融庁が発表した金融行政方針です。前述のように、リレーションシップバンキングの強化と言える方針をここで明確にしました。

「平成二七事務年度金融行政方針　主なポイント」において「金融機関が、企業の『稼ぐ力』を金融面から支援するとともに、担保・保証依存から、企業の事業性に着目した融資姿勢への転換を進める」という基本方針を打ち出しました。また、「平成二八事務年度金融行政方針　主なポイント」では、「金融機関が顧客本位の良質な金融サービスを提供し、企業の生産性向上や国民の資産形成を助け、結果として、金融機関自身も安定した顧客基盤と収益を確保するという好循環（『共通価値の創造』）を目指すことが望まれる」という基本原則を明確化しています。そのうえで、「十分な担保・保証のある先や高い信用力のある先以外に対する金融機関の取組みが十分でないため、企業価値の向上等が実現できていない状況」を「日本型金融排除」と問題視したのです。

これらの金融行政方針の内容は、私が職員たちに言い続けてきたことです。なにしろ、「担保・保証・格付けに依存した金融ではなく、協同組織金融機関にとって、『ドブ板を渡る』という象徴的な言葉で言い表されている地道なリテール金融こそが王道である」と私は説き続けていたからです。それでも社内には疑心暗鬼になる人たちがいたのですが、「理事長が言い続けてきたことと同じことを金融庁がおっしゃっていますね」と部下が言うようになったのです。

とにかく、改革の手を緩めず、組織体制にも大幅に手を加えました。コンプライアンス専門部門を創設したり、総務部が片手間のようにやっていた人事管理は、人事部として独立させて研修体系、人事評価体系のすべてを作り直したりしました。

組織を含めて、私が理事長に就任する以前の影も形もないほどに変えたのが、今の当組合の姿なのです。とはいえ、今さら形が変わったことをことさらに強調するつもりなど毛頭ありません。しかし、外部から見ても変わったと言ってもらえるほどに、社内のムード、職員たちの気持ちが大きく変わったということは重要なことです。

じつは、みずほ時代にも、私はどんどん物事を変えていくタイプでした。したがって、古巣の人たちは当組合でも私が改革に取り組んでいるという話を耳にして「新田がまた特別なことをやっているらしい」と話していたようです。しかし、あるときから、「職員たちが新田流のやり方によくぞ、そこまでついていったものだ」と驚かれるようになりました。

その理由は明快です。私がやろうと言ったことが当組合の職員たちが非常に懐かしく思えることが原点にあったからです。つまり、それをやり抜く基盤がすでにこの組合にあったということになります。さらに言えば、私が実践したこととは、全職員と一人ずつ面接して分かった、彼らが「こうしたい」「こうなりたい」と考えていたことなのです。

前述したように、私が当組合にやってきて「地域の祭りに参加しよう」と呼びかけたことはまちがいありません。しかし、それ以前から職員たちは心のなかで「祭りに出たい」「顧客企業の工場を見にいきたい」と思っていたのです。ところが、ある時代から「そんな非効率なことはやるべきではない」という空気になってしまいました。職員たちはその気持ちを心のなかに封じ込めながら持ち続けていたのです。

支店で顧客に接している職員たちは、自分が何をすれば顧客が喜んでくれるのかを本能的に分かっています。しかし、それをすることが許されなかったのです。したがって、私が「収益計数目標の達成のためではなくて、お客さまが喜んでくれることをやろう」と呼びかけたら、職員たちは疑心暗鬼の気持ちを抱きながらも自然とそれに走り出したのです。

その結果として、当組合の業績は完全なV字回復を遂げることになりました。二〇〇九年三月期から三決算期連続で純損失を余儀なくされて、貸出金残高が五年間にわたって減り続けていましたが、二〇一四年三月期からは一〇億円台の純利益を計上し続け、貸出金残高も増加に転じました。

マイナス金利政策が逆風であることはまちがいないものの、現状、当組合の平均約定金利は二・二%程度にあり、東京圏内の他の協同組織金融機関よりもかなり高い水準を維持しています。これは、当組合が金利だけで商売しているわけではなく、様々な取り組みが顧客から評価されているからこそと自負しています。しかも、預金残高に占める貸出金残高の割合である預貸率は七五%程度に達しています。他の地域に比べて、資金需要がある東京圏内で活動している協同組織金融機関ですら、預貸率は五〇%前後といったところが少なくありません。

私は、この貸出約定金利と預貸率は誇れるものであると思っています。なぜならば、そこには、当組合の職員たちによるコミュニティ・バンクとしての懸命な取り組みが評価されていることが反映していると思えるからです。収益力のV字回復、貸出金残高の増加もうれしいことですし、その結果として、二〇一七年三月期には繰り越し損失を解消できたのです。しかも、金利勝負だけではなく、本来の信用組合としての存在意義も認められてきました。これこそ、喜ばしいことです。

つまり、当組合の回復は特別なマジックがあって、そうなったというわけではありません。ただ、本来の協同組織金融機関としての活動に立ち返り、しかも、未来に向けて進化しているだけのことなのです。

近年、CS（顧客満足度：Customer Satisfaction）に加え、ES（従業員満足度：Employee Satisfaction）の重要性が唱えられています。「顧客が満足するサービスとは何か」の追求がCSであり、従業員が仕事、職場に満足度を高めるにはどうしたらいいのかという考え方がESです。当組合にいて、私は結局、この二つのテーマは密接不可分なものであるという自身の考え方に確信を得ました。「顧客に喜ばれたい」という想いの達成感がCSにもESにもつながっていくからです。すなわち、「CSなくしてESなし」「ESなくしてCSなし」なのです。

協同組織金融機関の信用組合は本来、顧客とウィン・ウィンの関係にあります。それは信用組合の誕生の歴史を振り返れば明らかです。信用組合は、誰か特定の事業者がいて、利益追求の金融ビジネスを始めるためにどこからか巨大資本を調達して創設したという生い立ちではありません。地域のみなさん、つまり、私たちの顧客層が自分たちの必要性に押されて、自ら作り上げた金融機関です。

もっと分かりやすく言いましょう。かつて、銀行に相手にしてもらえず、高利貸しなどしか利用できなかった地域の商工業者のみなさんが心を合わせ「自分たちの金融機関を作ろう」と立ち上がって、作り上げたのが信用組合の成り立ちです。だからこそ、地域や町の人たちは私たちを仲間と思ってくれたわけです。したがって、信用組合のほうが道を違《たが》えて、効率性の追求という方向に逸脱しても、みなさんは信用組合を見捨てずに待っていてくれたのです。

そして、私たちはこの数年、地域や町の人たちのもとに通い、みなさんに喜んでもらえるようになりました。これに伴って、当組合の業績はどんどん改善していったのです。「最近、おたくの職員は明るくなったね」と顧客から言われるようにもなりました。この言葉を聞くたびに、私は大変にうれしい気持ちになります。やはり、「CSなくしてESなし」なのです。

第3章

「目利きシート」と「工場見学マニュアル」で実現「担保に依存しない、信用による与信」の凄技

当組合は起死回生に向けて一八〇度の方向転換を果たしつつあります。まだ道半ばですが、協同組織金融機関としての原点に立ち戻る道を歩み続けています。

信用組合を根本から立て直そうと思ったとき、何を考えるのか――。少なくとも、私の場合には「生き残るためには収益を拡大することが最優先課題である」という発想にはなりませんでした。考えたのは「とにかく、社会のために役に立てれば、自分たちは生き続けられるのではないか」ということです。その逆で、もし世の中から「お前たちは必要ではない」と見放されたとします。その途端に、私たちはおしまいなのだと思いました。

それほど協同組織金融機関である信用組合は社会と密接な関係を有しているのです。したがって、厳しい状況に立たされて自分たちのレゾンデートル（存在理由）を失いかけたら、どうしたらいいのかという問いの答えは明らかです。誰かに「君の組合は必要なのだ」と言ってもらえないとレゾンデートルを回復することはできないし、長期的には生き残ることはむずかしくなります。だからこそ、誰もやっていないことに汗をかこうが、ボランティアのようになろうが、とにかく、社会への貢献なくして信用組合の存在はあり得ないという結論になっていくのです。

私が当組合の一員になったときに得た直観とは、こういうものでした。銀行に比べて規模的には小さくても、信用組合は銀行よりも社会貢献が求められる存在なのです。なぜならば、組合員制の協同組織であり、利益追求型のモデルではないからです。「社会、組合員との共存共栄、相互扶助」という協同組織の理念は決して言葉だけのものではありません。

ましてや、立て直しということになれば、かりに本来的にはギブ・アンド・テイクの関係であるとしても、こちらは少なくともテイクからは入れないということです。「創業の時代に第一勧信の支援があったから、我々は創業を実現できた」というような言葉をかけてもらえてこそ、初めて、私たちの未来が拓かれるのです。

金融庁は「平成二八事務年度金融行政方針」のなかで「日本型金融排除」という概念を盛り込んでいます。少し長めの引用になりますが、金融庁はこう記しています（なお、引用文のなかでの「先」は「融資先」を指しています）。

「担保・保証がなくても事業に将来性がある先、あるいは、足下の信用力は高くはないが地域になくてはならない先は地域に存在する。企業と日常から密に対話し、企業価値の向上に努めている金融機関は、地域の企業・産業の活性化に貢献するとともに、自らの顧客基盤の強化を実現させていると考えられる。そこで、各金融機関の融資姿勢等について、金融機関と企業の双方からヒアリング等を通じて実態を把握する。具体的には、十分な担保・保証がある先や高い信用力のある先以外に対する金融機関の取組みが十分でないために、企業価値の向上が実現できず、金融機関自身もビジネスチャンスを逃している状況（「日本型金融排除」）が生じていないかについて、実態把握を行う」

私が当初、顧客訪問での厳しいお叱りの声を通じて実感したのも、この「日本型金融排除」に当たらずといえども遠からずという心境でした。言ってみれば、「金融機関は自分たちのことを見てくれていない、見えていない」という組合員のお気持ちだったのです。

そもそも小規模事業者の方々には、金融機関からどのようなアプローチがあるのでしょうか。ほとんどがプロダクト・アウトの発想に基づく「これを買いましょう」方式のセールスマンが訪れるだけではないのでしょうか。証券会社は「株式を、投信を買いましょう」と勧め、保険会社は「保険を買いましょう」と勧誘し、そして、地域金融機関は「定期預金がいいですよ、定期積金にしましょう」と言い続けるプロダクト・アウトのセールス一辺倒なのではないでしょうか。

しかし、事業者の方々が金融機関に求めているのはそのような話ではありません。どうしたらいいのかが分からない問題について、親身になって相談に乗って欲しいということなのです。

たとえば、手元に一〇〇〇万円の余裕資金があるとしましょう。彼らはその扱いに悩みます。たとえば、「このうち、いくらを手元に流動性資金として確保しておいたほうがいいのか。三〇〇万円ほどは普通預金に置いて、急場のときには使えるようにしておくのがいいかもしれない」と考えたり、あるいは、病気の心配があるのならば、「大切な娘さんを受取人にした医療保険に加入しておくのがいいのか」と思ってみたり、あれこれと思案するわけです。そんな事情に合わせて、いろいろな組み合わせを提案することをお客さまは金融機関に求めているはずです。

事業者に対する融資についても、お客さまの事情も踏まえずに「マル保（保証協会の保証付き融資）を借りてください」「住宅ローンの利用も併せてお願いします」というスタイルは、やはり、プロダクト・アウトの発想でしかないのです。

プロダクト・アウトのスタイルが金融排除を生む温床になっていきます。金融機関側が提供する商品にお客さまのニーズが合わない限り、「それでは取引できませんね」ということで「金融排除」となりがちだからです。たとえば、保証協会の保証付きでないと、おカネを貸してもらえず、金融機関が決めた商品性の住宅ローンでなければ住宅取得資金を借りられないという状況がそうです。

その会社が信用保証協会の保証が必要ではないほどの信用力があっても、「マル保付きでなければ、融資できません」という本末転倒なことすら起きるのです。つまり、お客さまのニーズに応えるのではなく、金融機関のニーズに合うお客さまだけを見るということになってしまう。これが「日本型金融排除」であると私は思っています。

お客さまが求めているのは、かりに一〇〇〇万円の資金調達をする際に、どのような調達方法を選ぶことがその顧客にとってのベストチョイスになるのかということです。つまり、本来、あるべき姿はカスタマー・インの発想なのです。

とはいえ、大銀行や大手証券会社の場合には、小規模事業者に対しある程度のプロダクト・アウトは仕方がないとも思われます。たとえば、ローン商品では大量の資金を持って、マスマーケットに効率的に商品を投入していくことを責めるつもりはありません。ところが、それと同じことを協同組織金融機関までがやっていたらどうでしょうか。個人事業主や小規模事業者は浮かばれないでしょう。その意味で、当組合は顧客ニーズという原点に返らなければならなかったのです。

職員たちの面談を通じて、職員たちもそれを望んでいることが分かりました。彼らも「この商品を買ってください」方式のセールスマンをやることを望んでいないし、つらかったのです。自分の将来に不安を抱いていたのです。毎日、お客さまを訪れては「これを買ってください」「あれも買ってください」と繰り返してきた揚げ句に、最後は「セールスはお断り」と一蹴されてしまえば、お客さまに会うことすらむずかしくなってしまう。そもそも、お客さまが求めているのは押し売り的なセールスマンではなく、自分の話に耳を傾けてくれて、自分と同じ立場になって考えてくれる人なのですから、「セールスお断り」となってしまうのは当然の帰結であると言えます。

断っておきますが、こうした話は今に始まったものではありません。表現はともかく、カスタマー・インの発想が重要であることも私が初めて唱えたわけではありません。むしろ、「あるべき論」として言い古されてきたと言えるでしょう。ところが、いつまでたっても実現されていないのです。「顧客第一主義」という言葉はしばしば金融業界で掲げられてきましたが、その言葉がいつまでたっても理想のように言われ続けているのも同じ理屈です。

就任二カ月で「担保に依存しない、信用による与信」を表明

ところで、前章で述べたとおり、私は予断を抱かずに当組合にやってきました。しかし私の白地のカンバスには、間もなく、「やるべきこと」のデッサンが描かれ始めていました。

私が当組合の理事長に正式に就任したのは二〇一三年六月の総代会です。じつを言

うと、その時点において、当組合がどの程度の不良債権を実質的に抱えているかなどの詳細な理解はできていませんでした。その一方で、かねてから、金融機関は少額の融資であれば、無担保・無保証による信用の与信を行うべきであるという信念を抱いていました。

つまり、私は当時、少額与信は信用によるという考え方が筋論であると考えていたものの、当組合がどの程度の信用リスクを許容できるのかは明確に判断しかねていました。そうしたなかで、当組合の公式の場において、貸出に関する基本的なスタンスとでも言うべき考え方を明確に語ったのは、理事長就任から二カ月ほどが経過した同年八月のことだったと記憶しています。

そのとき、幹部たちに向けて配布し、全支店の職員に配布することを指示したペーパーのなかで、真っ先に記したのは、定性評価の重要性でした。資金使途、返済方法、途上管理などにも触れましたが、その際に、担保に関して「返済に問題がなければ、少額の無担保貸出は構わないし、また少額の担保割れでも問題視する必要はない」と語りました。もちろん、「貸出が債務者を幸せにするのか、貸出が預金者に説明できるものなのか」という原則論も強調しています。

今、振り返ると、私が当組合で「担保に依存しない、信用による与信」を語ったのはこのときが初めてだったと思います。慎ましやかな表現だったのは、やはり、当組合が信用リスクをどこまでとれるかが判断しきれなかったからです。しかし、これが信用による与信を推進する第一歩だったことになります。

一方、私は典型的な未来志向の人間と言われます。自分でもそう自覚しています。過去にとらわれている限り、視線は未来に向かないと思っています。しかし、それと同時に、私たちはいったい、何をするためにここにいるのかという原点を絶えず意識することも重要であると思います。つまり、原点を意識しながら、未来に向けて何をすべきかを考え、実践していくという繰り返し、言わば、らせん型の発展を私たちは遂げていかなければなりません。その意味でも、当組合について少し説明したいと思います。

じつは、私が理事長に就任する前から、当組合は不良債権処理に追われていて、預金残高も貸出金残高も減少傾向に歯止めが掛からない状態にありました。まさしく顧客基盤が剝落するような状況にあったのです。先に触れた四三億円の繰り越し損失はその象徴と言うべきものでした。損失処理に追われ続けて余裕がなかったのです。

顧客訪問の場で浴びせられたお客さまからの苦言は、そうした問題があったからにほかならないことでした。今だから言えることですが、当時の私は、そのような状況を跳ね返すために必死でした。とにかく、顧客基盤の剝落に歯止めをかけることが第一課題でした。そのために打ち出したのが「協同組織金融としての原点に立ち戻る」ということでした。

同時に、企業金融については、その基本を定着させなければならないという事情もありました。たとえば、前章で紹介したような貸し方の改善です。

理事長就任から間もないタイミングで、借入金の返済に窮しているという取引先企業の社長に会って驚いたわけです。過剰借入だったからではありません。借入と返済の条件設定が著しく合理性を欠いていたからです。資金使途と返済期間が合わない貸出例が存在すると耳にはしていましたが、実際の事例として目の当たりにしたときには驚きました。そんな現状に直面して、直ちに貸し方改善を行うとともに、企業金融のあり方を抜本的に組み替えていかないといけないと覚悟したことは前述したとおりです。

これは一般論ですが、なぜ、そのようなことが起きてしまうのか。まずは借り手企業の経営者のみなさんが融資内容を理解していないということがあります。ですが、それだけではありません。金融機関側は「保証協会の保証付き」の融資の実行が目標化されていて、営業担当者は「マル保付き融資で借りてください」と顧客に遮二無二持ちかけがちです。

保証協会の保証制度には資金使途と返済方法の関連などは規定していないので、営業担当者が「マル保の枠が一〇〇〇万円あるので、今のうちならば、お貸しできます」と言えば、「それでは利用しよう」という簡単な話になります。結果として、短期の約定返済の約弁によって、毎月の返済額が巨額になって返済に苦しむという結果につながってしまうのです。

「目利きシート」と「工場見学マニュアル」を制定

さて、「協同組織金融としての原点に立ち戻る」という発想の下での改革のなかで実行した、一連の施策について詳しく説明したいと思います。

私は職員たちに対して、それまで行ってきたセールスに対し、「一切禁止とする」という方針を打ち出して、「お客さまが喜ぶことをしよう」と呼びかけたことは第二章で説明したとおりです。従来型のお願いセールスをそのまま継続したままでの改革の路線を走るなどあり得なかったからです。しかし、金融機関である以上、それだけで済むわけではありません。

金融機関として「お客さまに喜ばれる」ことの最終的な姿は、お客さまの様々な相談に乗って最善の答えを見つけ出すことにほかならないのです。したがって、金融機関本位の「お願いセールス」に代わって、「人」を見て「事業」を見て信用で与信する金融スタイルを確立しなければなりません。そのためには職員にそれを実現できるスキルを体得させる必要がありました。

つまり、理事長就任二カ月後に慎ましやかに語った私の与信哲学はその後、どの程度の信用リスクを許容できるかという信用リスク管理のレベルの問題ではなく、当組合の深刻な実情のなかで具体化させていかなければならなかったと言えます。もっとも、これは一朝一夕にできる話ではありません。

そこで、打ち出した布石が二〇一四年四月の「事業戦略室」の設置でした。第二章で述べましたが、さらに詳述しましょう。

この新設セクションは職員育成の研修拠点であり、ここを拠点として事業金融分野のスキルを身に着けて、現場で活躍する職員を養成する戦略を練り上げました。

具体的には、職員たちに事業金融相談員制度がいかなる制度なのかを説明したうえで、信用で融資することを勉強したい者を募りました。そして、翌二〇一五年三月を修了とする一年間の研修を開始したのです。研修カリキュラムの策定には事業戦略室の二人の担当者だけではなく、私も加わりました。全体的な研修の方向性に関する講義は私が行い、個々のカリキュラムは事業戦略室長が指導します。

すでに説明したように、当組合では取引先企業の工場を見学するという経験が乏しく、実際、営業現場ではほとんど行われていませんでした。したがって、「工場見学をせよ」と言われた職員たちが工場を訪問しても、そこで何を見て、何を聞けばよいのかが分からない状態になっていました。そこで、カリキュラムの資料のなかには、工場見学に関するものも作成し、有効な工場見学をするためには、どういうポイントを押さえて行えばよいのかも教育していきました。

また、担保や保証に依存せずに信用で与信する金融をやっていくためには、取引先企業との間でいかなるやりとりが必要であるのかも、ロールプレイングなどの手法を活用しながら、より実践的に教育する仕組みを導入していったのです。同様のやり方で、人や事業を見る「目利き力」を高めるための研修資料も作りました。

研修は本部に職員たちを集めて行う集合研修の形態をとっていますが、たんなる講義を職員たちが聞いて学習するという方式ではありません。参加職員にそのつど、課題を与えて取り組ませるようにしました。具体的には、特定の企業をモデルケースとして取り上げて、「この会社をどう分析するのか」「財務上の問題は何か」「貸出を実行するに際して留意すべきことは何か」等々の課題について、レポートを提出させるようにしました。

また、目利きのための資料にそのポイントを書かせたり工場見学に実際に行かせたりする実践教育も行い、やはり、レポートを提出させました。

研修資料を集大成する必要性を感じ始めたころに、他の金融機関など外部の方から「目利き力向上の取り組みをしていると聞いたが、どのようにやっているのか」というような質問を多く受けるようになりました。そこで、「それでは、ひとつの形にまとめよう」ということになり、形となったのが「工場見学のポイント」と題するマニュアルと、事業性評価のツールである「目利きシート」の制定でした。前者の「工場見学のポイント」は二〇一五年六月に、後者の「目利きシート」は同年一二月に正式に制定しました。

つまり、二つのマニュアルの制定よりも、かなり早いタイミングで私たちは工場見学や目利き力の向上の研修を本格化させていたのです。それはとにかく、何を実行するにしても、現場力の強化が必要だからです。現場を支えている職員たちの発想を転換させてスキルアップを図るしかないのです。そのために有効であるのが研修・教育と実践のマッチングという方式です。私は何かを始めるには、まず、本部に部門を新設し、そこから現場へとつなげていく方法をつねにとってきました。

工場見学で職員の事業と企業を見る目を鍛える

では、事業評価の強力な武器となっている「工場見学のポイント」と「目利きシート」の狙いと、その内容をできる限り詳細に紹介してみましょう。

まず、「工場見学のポイント」は、私が理事長初年度で経験した工場見学での驚きに端を発したものです。職員に工場見学の経験がなく、顧客側も工場見学を申し込まれたことがなかったという衝撃的な事実と、それゆえに工場見学に同行した職員は私がどのような着眼点で顧客と会話しているかが理解できなかったというのが実情です。

この由々しき事態を改善することに一刻の猶予も許されないと判断して、事業戦略室のなかに事業金融相談員制度を設けたわけですが、「工場見学のポイント」はこの制度の一環として策定した「工場見学の手引き書」と言えるものです。

いざ、工場見学に動けと命じても、経験不足の職員たちはそこで何をしてよいのかが分かりません。そこで、「工場見学のポイント」を読めば、工場見学という業務活動の一連のプロセスがすべてわかるように、そのポイントを簡潔に解説しました（左図参照）。

また、実際に工場見学する際には事業金融相談員が同行してＯＪＴ方式の実践教育も行いました。

ちなみに同ポイントの初めには「ものづくり企業の商売実態において工場現場の視察は必須です」という書き出しで、次のような注意書きを記しています。

「先方の負担も考えると、何度も頻繁にお願いできることではありません。ゆえに、もし工場見学の機会を得た場合には、是非とも限られたチャンスを有効に使い、必要な情報は全て収集できるよう万全な事前準備と当日の積極的な行動を心掛けましょう。

なお、今回はものづくり企業の工場見学を前提とした記載になっていますが、他業種の物流拠点や販売店舗の見学においてもエッセンスは変わりませんので、ぜひ現場

工場見学のポイント

項目	内容・留意点	
1. 事前準備（1週間前〜）	・工場見学の詳細スケジュールや参加者を確定させると同時に、工場案内（パンフレット）や資料があれば事前に取り寄せておきましょう。 ・会社のHPも工場・生産設備・製品情報の宝庫です。必ず事前に目を通して工場に行った時に何を見たいか・聞きたいかイメージすることが大事です。 ・工場で働いているスタッフの人数や構成を出来る限り事前に聞いておきましょう。そして礼儀ですので当日工場の方宛てに手土産を渡せるよう、前もって手配しましょう。	・取り寄せた資料やHPからの資料等は良く目を通しておきましょう。 ・その工場で何を作っているのかという基本事項をしっかりと把握しておきましょう。
2. 事前説明（当日）	・当日（先方の都合にもよりますが）通常は、工場見学の前に簡単な打合せの場を設け、そこで先方から工場のあらましや簡単な工程・製品等の説明を受けます。←そういう場を設けて頂くようリクエストしましょう。 ・その場で、今回の見学で是非見せて頂きたい点や疑問点等を先方に伝えておきましょう。 ・写真撮影を行いたい場合は事前に許可を得る必要があります。また、その他見学にあたっての注意点の説明もありますので、しっかりお聞きして守るよう心掛けましょう。	・事前に入れていた情報とともに、当日の事前説明で、自分なりに見学する製造工程のイメージを持つことが大事です。 ・また、当該工場の前後の工程や外注の有無についても把握・イメージして臨みましょう。

[ポイント−1　生産方式]

1.　当該工場の生産の特色はどこにあるのでしょうか。次のような点を確認しながら、工場の生産方式の大まかなイメージを掴みましょう。

①　**受注生産か、見込み生産か？**
これによって、原材料の発注、在庫水準の考え方、製造ラインの組み方が違ってきます。

②　**少品種大量生産か、多品種少量生産か？**
生産品目が多岐にわたる場合、生産ラインを頻繁に組み替えると効率が下がるため、セル生産方式を取り入れるケースが多く見られます。

[ポイント−3　生産設備]

1.　生産設備の現状を把握しましょう。これをしっかり行えば、設備資金の融資等、当組からのセールスに結びつけることができます。まさに、ビジネスチャンスの宝庫です。

①　**生産設備の耐用年数はどれぐらいか？**
実際の耐用年数と税務上の耐用年数は異なります。設備の更新がいつ頃到来するかを大まかに把握しておきましょう。

②　**休止している生産設備はあるか？**
稼働率を自分の目で確認するうえで、重要なポイントです。先方の説明と、実際の稼働状況に隔たりがある場合には、担当者にその理由を確認しましょう。

③　**生産ラインの効率化の余地はあるか？**
現在の製造ラインが必ずしもベストなものとは限りません。担当者は必ず効率化のためにどうしたいかという問題意識を持っています。生産工程を見ながら、担当者の本音を探ることも工場見学における重要な仕事です。

視察をされる際には本レジュメに目を通されることをお勧めします」

言うまでもなく、当組合の取引先企業は製造業に限りません。したがって、非製造業の場合についても、同様の視点が欠かせないということを強調したのです。

そのうえで、まず、「通常の工場見学の流れ」と題して、次のような業務プロセスをその留意点を記しながら記載しました。具体的には、1．事前準備（一週間前〜）、2．事前説明（当日）、3．工場見学、4．事後フォローの四つのプロセスです。

留意点はどのように示しているのかというと、たとえば、「3．工場見学」の項目では「社長など先方の方と一緒に見学する。不明な点があれば、恥ずかしがらずにどんどん質問する、工場内で働いているスタッフのみなさんに必ず挨拶する」という三点を挙げたうえで、「工場見学はやり直しがきかないので、先方の説明を聞き逃すことなく細心の注意をもって集中する。疑問を残さずにその場で理解していく。説明のポイントは記録メモを取り、許可されている範囲でできる限り多くの写真を撮る」というポイントを明記しました。

続いて、「生産の流れと主な着目点」と題した項目では、仕入れ→部品在庫→生産

→製品在庫→出荷という一連の段階における着眼点を列記しました。たとえば、生産段階については、①何を作っているのか、という基本項目から始まって、②生産量、③生産の特徴、④製造技術の特徴、⑤生産設備の特徴、⑥生産性、⑦製品検査のあり方、というポイントを並べています。

「通常の工場見学の流れ」と「生産の流れと主な着目点」という基本編の次には、「通常の工場見学の流れ」で記した四つの段階ごとに、さらに詳細なポイントを書き記しています。

たとえば、工場見学時のポイントでは、生産方式、技術、生産設備、生産性、従業員、検査体制、在庫、出荷・物流という八つを設定して、それぞれに具体的な質問項目とその意味を解説してあります。

やや長くなりますが、たとえば、【ポイント－4】の生産性については以下のような質問とその意味を記しました。

「その工場は効率的な生産を行っているのでしょうか。次のような点について確認しましょう。①設備稼働率はどれくらいか、②歩留まり率・不良品率はどれくらいか

〈両指数は利益率や価格競争力に直結します。改善のためにどのような努力を行っているのかを確認しましょう。歩留まり率は使用された原材料が減損することなく完成品となる割合で、不良品率とは完成品に占める不良品の割合です）、③リードタイム（受注から出荷までの期間）はどれくらいか（リードタイムは、発注者から品質・コスト同様に重視されています。ただし、受注生産を行ってきた企業がリードタイムの短縮化を図るあまり、見込み生産に切り替え、不良在庫が膨らんだケースがあります）、④生産性改善が行われているか（QCサークルや5S〈整理、整頓、清潔、清掃、躾〉運動などが行われているかを確認しましょう。工場内の壁や食堂などをよく見て、標語や数字の意味を聴いてみましょう）」

このような内容で策定した「工場見学のポイント」はA4サイズ七ページの小冊子です。さらに、同冊子を手引き書として活用し工事見学を実践した際には報告書を策定することになります。しかし、工場見学が根付いていなかったために、職員の間では報告書の策定の仕方も分からないという状況がありました。そこで、手引き書と同時に、工場見学報告書のひな型も用意しました。訪問した先の会社名と工場名を記し、工場の概要を説明するところから始まります。

続いて、手引き書で示した手順による見学内容を写真や図式などを活用して分かりやすく作成していきます。そのうえで訪問先の特徴を生産面、検査体制面などの項目別に記して、最後に「所見」として、工場現場自体がどうであったのかという企業評価と、工場見学を踏まえて、経営課題へのアドバイスや前向きな提案セールスなどの活動をいかにしていきたいのかを「工場見学報告」で述べるようにしました（一三一ページ図参照）。

職員たちは、この冊子の内容に基づいて工場見学を取引先企業に申し入れ、受け入れて頂ければ、熱心に現場を見るようになりました。これによって取引先を見る目が養われたことはまちがいありません。

たとえば、二〇一六年秋にある食品関連会社の工場見学を行った職員から本部にもたらされた報告書では、この会社が製造している製品の位置付けが図表で明確に示されていました。また、工場の業務フローがそれぞれの設備の写真を添付した形式で説明され、主要トピックスとして、生産面では「受注生産しており、生産量を調整。商品は一年以上品質を保てるので、不良在庫になりにくい」などの文面を記載し、従業員については「工員の人材確保については問題ないが、生産部門の中心人物である工場長は後継者がおらず、技術や開発能力の承継が問題」という指摘をしています。

最後の所見は次のようにまとめられました。

「機械設備、備品は工場長が細かくメンテナンスしており、設備不良による生産性悪化の心配はない。しばらく設備更新の予定はなく、設備資金需要はない。運転資金についても資金繰りは安定しており、今のところ必要ないが、今後、製品の急速な販路拡大、受注増大した場合には資金が必要となるため、支援していきたい」

もちろん、支店長の指導があることはまちがいないとしても、どうでしょうか。かつて、どういう状況だったのかと振り返ると、職員の成長ぶりを感じないわけにはいきません。工場見学を通じて、職員たちの会社、事業を見る目は着実に養われていると思います。

報告日		取引先名	[redacted]	部店名	[redacted]		
[redacted]工場見学報告				部店長	副部店長	課長	担当

日　時 ： H27年10月29日(木) 9:30 ～ 11:30
場　所 ： [redacted]
参加者 ： [先方] [redacted]
[当方] [redacted]

1. 見学行程

当面は新規機械購入の計画はない。

【生産性】

・製品が多種のためリードタイムや歩留まり率はそれぞれ異なるが、定番印刷物は当日12時までに注文を受けたものは当日中に出荷しており、最短のリードタイムは半日と非常にスピーディーな対応。
普通は注文を受ければ字体デザインやサイズを決めてから印刷にかかるが、当社は過去に注文を受けたデータを全てストックしているため短時間での対応が[redacted]える。
印刷物に関しては歩留まり率は99%以上とのことで良好。

【在庫】

・受注生産のため商品在庫は出荷待ちの分だけで、後は[redacted]の原材料がある程度。
数字面から見て[redacted]ないものと思料。

・配送については関東の近場は自社トラックで配達、他県は宅配便を利用する等、配送コストを考えながら使い分けしている。

【人員・環境】

・[redacted]
注文受付、デザイン製作、印刷製造部門が細分化されているため部署ごとに整理整頓が行き届いており、[redacted]い事から活気があり働きやすそうな印象。

【課題等】

～以下、社長談～

・工場に関しては人材・設備面とも様々な注文に対応できるような体制が構築されており、今のところ特段の問題はない。

・[redacted]くない。
[redacted]程度に絞り込んだほうが会社としては
[redacted]→

「目利きシート」の作成を通じて身に付く目利き力

「工場見学のポイント」と並んで導入したのが「目利きシート」です。工場見学のポイントは会社、事業を見る目を養うためであり、「目利きシート」はそれをもう一歩進めて、目利き力を体得するために策定しました。

ところで、目利き力とは何でしょうか。これは財務分析だけでは把握しきれない、企業の「定性情報」を的確に収集し合理的な評価を加えて、企業の総合評価や融資審査に反映させる力と言えます。

すでに定量評価と定性評価については考え方を明らかにしています。財務内容といった過去のデータである定量情報に基づく評価では、往々にして実績主義に陥ります。極端な話をすれば、過去の実績の優良企業に融資しやすいということになります。しかし、現在、優良企業ほど資金余剰であり、資金需要は乏しいのが実情です。多くの銀行などが「企業の資金需要は乏しい」と言っているのは、定量評価に偏重しているからだと言えるでしょう。

また、担保に依存した融資も同様に定量評価に立脚しています。そうではなく、担保に依存しない信用による与信を行うのであれば、定性情報の分析が欠かせません。それを端的に説明しているのが、金融庁の「金融検査マニュアル（別冊）〔中小企業融資編〕」です。そこでは、こう記されています。

「企業の技術力、販売力、経営者の資質やこれらを踏まえた成長性については、企業の成長発展性を勘案する上で重要な要素であり、中小・零細企業等にも、技術力等に十分な潜在能力、競争力を有している先が多いと考えられ、検査においてもこうした点について着目する必要がある」

これが定性評価ですが、金融庁はその一方でこう記しています。

「企業等の技術力等を客観的に評価し、それを企業の将来の収益予測に反映させることは必ずしも容易ではない」

この「必ずしも容易ではない」企業の潜在能力を見抜くうえで不可欠と言える定性評価の能力こそ、目利き力なのです。私流の言い方をすれば、人を見て事業を見て信用で与信するための必要最低条件です。

定性評価の重要性は私のかねてからの持論でもありました。そこで、事業金融相談員研修でも、「目利きシート」という明確な名称にしない段階から定性評価項目をいかにチェックしていくのかという取り組みをいろいろとやっていました。そうしているうちに、外部の方から、この取り組みに関する照会をもらうようになり、定性評価をシート化してきちんとやろうと決めたのです。その際、「定性評価」という表現よりもインパクトがある「目利き」のほうがいいと判断し、「目利きシート」という名称が出来上がりました。二〇一五年一二月の「目利きシート」の制定までには、このような経緯があったのです。

では、次は「目利きシート」の具体的な話に移りましょう。「目利きシート」は複雑な様式ではありません。A4サイズ一枚に「人の評価」「モノの評価」の二つの大項目を据えた表の形式になっています。

さらに、「人の評価」は経営者、従業員、内部管理、株主の四項目に、「モノの評価」も取扱商品・サービス、生産力・開発力、販売力、仕入・販売先の四項目に分かれ、最後には「その他の特記すべき事項」の項目を置いています。

たんに「人とモノの評価」を記せ、と言っても、職員たちは何をしていいのかは分からないはずなので、すべて項目立てして、各項目に記入していく方式にしたわけです。

しかも、「目利きシート」の項目に記入するには、担当者が顧客企業の社長と直接に面談して、「社長さんはどのようにして会社を立ち上げたのですか」「会社の社是を教えてください。社長さんはどのような経営理念をお持ちですか」「これまで苦労されたと思いますが、それによって、どのような信条をお持ちですか」というような会話をしなければなりません。あるいは、商品について「強みはどこにあるのですか」と尋ねなければなりません。

つまり、「目利きシート」は社長面談のための実践的な手引き書になることはもちろん、社長面談を申し入れる契機になるのです。

期待できる効果はそれだけではありません。お客さまは、そのような話を聞かれることを期待しているからです。それらの点について尋ねられれば、お喜び頂けます。

三〇分間程度の面談では説明しきれないというようなことすら起きます。そのとき、「社長さん、続きは次回にお願いします」と言えば、「ぜひとも、またおいで」という流れになるでしょう。職員がお客さまとのリレーションを築くにあたって好循環がもたらされるわけです。

以前は「お願いセールス」に辟易して「セールスはお断り」と面談を拒絶していた社長が一転、喜んで面談に応じてくださるようになります。職員たちはお客さまに喜ばれて、次のアポイントも頂戴でき、そのうえ、職場に戻れば業績評価が上がるのです。職員たちが仕事に意欲的になることはまちがいないのです。

私の経験上、自信を持って断言できることですが、中小企業の工場はじつに素晴らしい精緻な製品を造り上げています。それを見て、「よくぞ、これほど精度の高いものを作っているな」と感心させられることは珍しくありません。担当者はそれを知ることによって、半ば、自分のことのように誇りに思い、顧客とのリレーションを築いているのです。これはお客さまに喜ばれて、お客さまとの親密な関係を築いていく最高のプロセスです。計数目標管理によって職員たちを縛っていくことよりも、このほうがはるかに効果を期待できるし、有能な金融マンを育て上げていくための王道と言えます。

とは言え、いかに「目利きシート」を簡潔な様式にしたといっても、「目利きシート」を導入した意味を職員たちがきちんと理解しなければ有効なものにはなり得ません。また、各項目について、いったい何を聞いて、何を記入すればよいのかを迷ってしまう恐れもあります。「目利きシート」という手法を通じて、職員の間に「人を見る」「事業を見る」ということの意味と目的を着実に浸透させなければ、ただ与えられたシートに記入するだけというようなことにもなりかねません。

とにかく、目的は、担保に依存した金融というスタイルを脱して、信用で与信するという信用組合本来の金融スタイルを当組合のなかに定着させることなのです。それもできるだけ早期に実現させなければなりません。そこで、「目利きシート」の導入に合わせて、「『目利きシート』作成にあたっての着眼点と記載ポイント」と題する小冊子も策定しました。これはA4サイズ六ページの体裁であり、「地域金融機関に求められる『目利き力』について」というサブタイトルを付けています（一三八ページ

「目利きシート」　作成にあたっての着眼点と記載ポイント

～ 地域金融機関に求められる『目利き力』について ～

◎「目利き力」とは何か

1.金融検査マニュアル（別冊）に記載されている内容

債務者区分は、債務者の実態的な財務内容、資金繰り、収益力等により、その返済能力を検討し、債務者に対する貸出条件及びその履行状況を確認の上、業種等の特性を踏まえ、事業の継続性と収益の見通し、キャッシュフローによる債務償還能力、経営改善計画等の妥当性、金融期間等の支援状況等を総合的に勘案し判断するものである。 → 定量分析

特に、中小・零細企業等については、当該企業の財務状況のみならず、当該企業の技術力、販売力や成長性、代表者等の役員に対する報酬の支払状況、代表者等の収入状況や資産内容、保証状況と保証能力等を総合的に勘案し、当該企業の経営実態を踏まえて判断するものとする。 → 定性分析

⇒ つまり「目利き力」とは、財務分析だけでは把握しきれない、企業の「定性情報」を的確に収集し合理的な評価を加えて、企業の総合評価や融資審査に反映できる力 だと理解される。

また、同金融検マにおいては、「検証ポイント」として以下のような、より詳細な記述がなされている。

企業の技術力、販売力、経営者の資質やこれらを踏まえた成長性については、企業の成長発展性を勘案する上で重要な要素であり、中小・零細企業等にも、技術力等に十分な潜在能力、競争力を有している先が多いと考えられ、検査においてもこうした点について着目する必要がある。
企業等の技術力等を客観的に評価し、それを企業の将来の収益予測に反映させることは必ずしも容易ではないが、検査においては、当該企業の技術力等について以下の点を含め、あらゆる判断材料の把握に努め、それらを総合勘案して債務者区分の判断を行うことが必要である。

2.「生きている木」でのイメージ

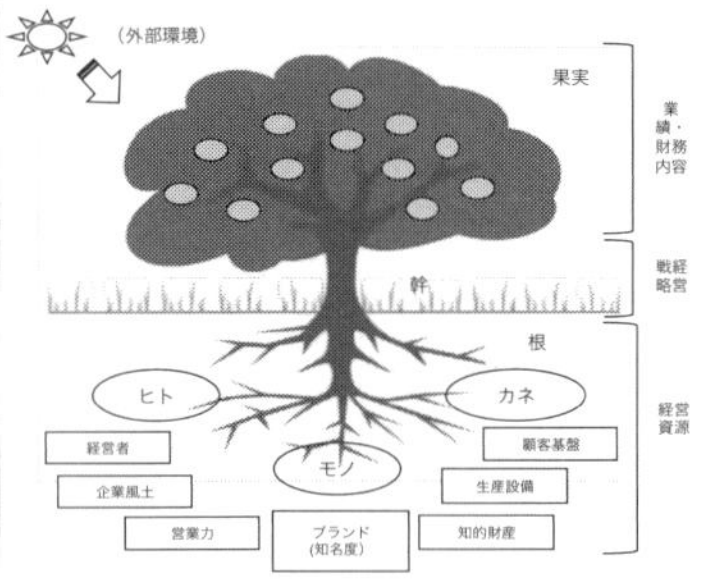

・左図のとおり企業を1本の「生きている木」に見立てた場合、成果としての果実は業績や財務内容（蓄積）として例えられる。

・この果実は、企業が有する様々な経営資源を駆使し、経営戦略＝事業計画をもとに運営した結果であり、またそこに外部環境という要素も加わっての話である。

・従って、金融機関としては結果としての果実の評価だけではなく、木の「根」の部分である「経営資源」の状態に着目する必要あり。

・業績/財務内容良好な企業であれば、将来にわたって、果実を実らせ続けられるのか。逆に近年の業績等は悪くても、将来のキャッシュフローの源泉となるような、きらりと光る何か（新しい技術やﾋﾞｼﾞﾈｽﾓﾃﾞﾙ、若い有望な人材、業界の急成長等々）がないか。そういった企業の将来性・成長性を見極め、どのぐらいのリスクが取れるか・取れないか判断する力が「目利き力」と言えよう。

3.「目利き力」を養うための具体的なポイント

（1）ヒトの評価
A. 経営者

項目	ポイント
経営能力	<管理能力・先見性・総合的視野> 自社の事業内容（強み・弱み）の把握 業界動向・最新事情・経済情勢の情報収集や理解度 明確な経営方針・戦略・中長期ビジョン <指導統率力・組織運営力・行動力・決断力>

図参照）。

内容は総論として、まず、「目利き力」とは何かについて説明しています。ここでは、金融庁の考え方を引用しながら、その意味を次のように解説しました。

「目利き力とは、その金融機関全体に企業の定性面を適切に評価していこうという風土が根付いており、実際の企業訪問や経営指導といったリレーション関係が現場で確立し、実際に有効にワークしているといった事実背景に基づくものである。そうした日々のRM（リレーションシップ・マネジメント）の積み重ねが金融機関の目利き力を向上させ、最終的には当局からみた金融機関としての安心感（金融機関の見立ての説得力）にもつながっていくのである」

なお、この小冊子では企業を「生きている木」に見立てて、いかに定性面のことがらが木の成長に必要なものであるのかも分かりやすく説いています。

そのうえで、「人の評価」「モノの評価」という目利きシートの項目立てごとにヒアリングの際のポイントを列記し、肝となるような視点を別に明記してあります。最後に「まとめ」として、長くなりますが、次のように記載してあります。

・「目利き力」を養うためには、より多く企業の生産、販売現場に触れ、自分の目で見て自分の耳で聞いて、生の有効情報をどれだけ収集できるかが重要。

・特に、経営者とは信頼関係を構築し、本音ベース・実態ベースの話がきちんと聴取できる状況にしておくことが大切。

・また、地域コミュニティ人脈（地域の有力者）から得られる、生の情報等は、大事にすべきであり、そういった情報ルートを日頃の付き合いの中で確立しておくと、目利き力の大きな武器になる。

・最終的に、集めた情報の料理の仕方、一定の判断をするまでの過程こそが重要であり、この場合、業界特性や地域特性といった知識（逐次追加的に勉強もして修得）を駆使し自身の営業・与信対応経験にも照らしながら、将来展望やリスクを計っていくことになる。

・そして、重要なことは、上記のような検討や判断の積み重ねが各担当の頭の中や支店内だけでなく、当組内全体に経験値として蓄積し、ノウハウを共有していく（管轄本部の役割）ことで、金融機関としての「目利き力」全体をレベルアップさせていくことである。

・冒頭で触れたとおり、「目利き力」の前半半分が情報収集力だとすれば、まずは一人ひとりの日々の営業活動の質をあげ、顧客接点を増やし、気軽に色々な情報のやり取りができる関係を構築することが重要。そのためにはお客さまに親しまれる最低限のビジネスマナー・対応話法が備わっていることはもちろんのこと、(高度な専門知識はなくとも)お客さまとの会話、相談に適切に初動反応できるような一般常識や思考回路をつけておくよう、日頃より研鑽を重ねることをお願いしたい。

信用貸しのコミュニティ・ローンを可能にした目利き力

このように、「工場見学のポイント」も「目利きシート」も、その具体的な方法をマニュアルで解説したうえで、実際に工場見学したり、取引先企業の社長さんに面談したりした際には、マニュアルに即した用紙(シート)に記入するようになっています（左図表参照）。

「目利きシート」は、当組合が「目利き力ナンバーワン」の金融機関となることを目指して導入したものであり、「基本的に貸出金額三〇〇〇万円以上の取引先全社についてシートの提出」を指示しました。その結果、すでに対象全社を提出し終えた支店もあり、二〇一七年二月までに八〇〇枚を超える「目利きシート」が集まっています。提出された「目利きシート」は本部でその出来栄えをチェックし、一〇点満点方式の評点が加えられています。

これらのシートのうち、評点五点以下が二〇〇ほどあります。そうしたシートは取引先から十分にヒアリングできていないのが理由だとすれば、取引先の社長さんからもっと深掘りした話をお聞きしないといけないことになります。

また、「目利きシート」は、当該取引先に関する稟議が提出されるときに活用します。そのまま使えれば良いのですが、今後、そのたびに内容を更新することになるでしょう。企業とはまさに生きものであり、その商売上の強みや経営課題などは刻々と変化し続けているからです。

目利きシート	審査部長	審査役	部店長	副部店長	課長	担当

作成日	28.5.30	取引先名	[redacted]	部店名	[redacted]

項目			
人の評価	経営者	属性 取引経緯	S[redacted]年現社長の夫が「戦後の日本を明るくするために[redacted]提供」をモットーに創業。 S[redacted]年法人成、H[redacted]年先代が亡くな[redacted] 氏が社長就任
		経営 能力	代取にはビジョンがあり、「儲かればそれでいい」というわけではない、お[redacted]で楽しんでいただき自然に商売に繋がればよいという考え。そこで年間130種類の[redacted]聞いて、触れて感じる五感[redacted]がら、最高に[redacted]に励んでいる。 その甲斐あって[redacted]
		人物 信用度	先代からの事業を継続しており、とにかく顧客対応には徹底しておりリピーターを多く作ることが大事とのことで、地域や顧客に密着していることから、十分に信用力のある人物である。
		内部管理 その他	後継者として[redacted]氏が経理、営業面の要となっており、従業員は全て営業に出ており管理面は [redacted]が全て担っているので営業に集中でき環境が整い、利益向上に繋がっている。 代取[redacted]が現[redacted]者だが、今後[redacted]氏が後継人となる予定。
	従業員	人員構成 定着率 労使関係 その他	[redacted] パート・アルバイトはなし。出来高によるインセンティブはなく、丁寧な営業活動を行っている。 さらに「ワークライフバランス」という視点を重要としているため、全従業員有給休暇100%取得している。 事務所内は整理整頓されてお[redacted]ムのサンプル等が整然と置かれている。 従業員は全員勤続5年～10年超と離職率低く定着しているが人件費のスリム化をし経費削減を行っている。
	株主	特筆事項	[redacted]経営
	取扱商品 サービス	商品構成 売上シェア （強み弱み）	[redacted]73% 顧客から考えた[redacted]ームにしている値段が1万～10万程度。 [redacted] 世界から注目される書道のため、海外から人気が出ている ネット売上、一般企業等 12% アマゾンや楽天で販売されているため、多方面から調べやすい。
		社会需要 商品ｻｲｸﾙ	[redacted]ム製作需要、一般ユーザーか[redacted]ムの製作に対応し、年間約300種類作成して おり、土曜には[redacted]作相談会」を実施しており 2015年12月に日本[redacted]旅」で当社が紹介された。
		粗利率や	自作[redacted]、社員教育[redacted]用教材の作成等 幅広いニーズに対応できる。

とにかく、職員はより高い評点を得たいのであれば、取引先の社長さんのもとをさらに訪問して、面談の機会を頂いて、一層丁寧にヒアリングしなければなりません。「実績主義」から「プロセス重視」への転換の象徴が「目利きシート」と言えますが、プロセスとは一回だけの活動ではあり得ないからです。

一方、後段で説明する創業支援では支援先がすでに一五〇先ほどに増えています。そうした先については貸出金額が三〇〇万円や五〇〇万円でも、すべて、「目利きシート」の対象として策定させている最中です。二〇一七年二月現在、一〇〇ほどのシートが提出されています。

創業支援先の会社の場合、社歴の古い会社とは事情が異なる面もあるために、既存の様式のシートとは違う「創業支援版シート」を策定するように指示します。

工場見学も同様です。「工場見学のポイント」でも記しているように、工場見学は頻繁に行えるものではありません。したがって、一回の見学を有効なものにしなければならないのです。しかし、一回見学すれば、それで完了という話でもありません。こちらも、評点方式を導入しており、五〇点満点の体系で評点が加えられます。より高い評点を目指すのであれば、より質の高い見学内容にすることを心掛けることになります。

「『目利きシート』作成にあたっての着眼点と記載ポイント」「工場見学のポイント」という二つの小冊子制定の起点となった、事業金融相談員制度の研修カリキュラムは今も継続しています。この研修を通じて、第一期（二〇一四年五月〜二〇一五年三月）は受講職員二三人のうち、一七人が事業金融相談員に合格して活動しています。第二期（二〇一五年五月〜二〇一六年三月）では一二人が事業金融相談員に加わり、さらに二〇一七年三月までの第三期は一一人が受講しました。

当組合の事業金融相談員が五〇人ほどの態勢になる日は間近です。彼らは、各自の職場で目利き力による事業金融を広げていく先導役となり、さらに当組合では事業性評価に基づく与信業務が定着化していくはずです。そうした流れを確認するなかで、私は第一章で紹介した「原則・無担保」のコミュニティ・ローンの開始を決断するという一歩を踏み出すことができたわけです。

事業金融相談員になった職員たちが着実に実力を高めていることを実感しています。彼らの中にはすでに創業支援で支援先を指導するメンターの役割を担っている者もいます。外部の方から「〇〇君はなかなかいいね」というおほめの言葉を頂くこともあります。

目利きシートの出来栄えを見ていると、わずか一年間のうちに職員たちが成長している実感を得ます。しかし、それでは事業金融で成長した職員が投資信託、保険などの分野でも優れているのかと言えば、必ずしもそうではありません。ですが、すべての分野に優れている必要はありません。実際、私は「長所を伸ばして、自分が取り組みたいことを一生懸命にやれ」と言っています。とにかく、その分野でメシを食えるプロフェッショナルにならなければいけないのです。そのために「自他ともに認める自分の長所を持とう」と励ましています。

職員たちの成長を見るにつけ、「目利きシート」や「工場見学のポイント」を導入してその成果が上がり始めたと感じます。これは大きな一歩と言えます。しかし、まだ一歩にすぎないという言い方もできます。当組合がなすべきことはまだまだあるからです。

第4章

リレーションシップバンキングだけでは足りない！
協同組織金融機関が目指す未来志向の創業支援

理事長に就任して以来、協同組織金融機関の原点に立ち戻るという路線を職員たちと懸命に走り続けています。これは「人とコミュニティの金融」というあり方の徹底です。私が当組合の理事長に選任されたのは二〇一三年六月の総代会でした。それから間もない七月五日に開催した支店長会議の場において、部長、支店長に語ったことは次のようなことでした。

第一に「地域とのふれあいを大切にする」。コミュニティ・バンクの立脚点を再認識しましょうということです。第二には「顧客を知り、ニーズを柔軟に幅広くとらえる」です。カスタマー・インの姿勢を忘れずに、顧客が何を求めているのかをとらえることを求めたわけです。そして、第三は「笑顔のフェイス・トゥ・フェイスの信用組合」という言葉です。とにかく、明るくありたいと願いました。最後は「お客さま第一主義と働き甲斐のある職場」でした。これは、「ES（職場満足度）なければ、CS（顧客満足度）なし」という私の持論です。

当組合は以後、このスローガンに沿って抜本的な改革に挑んでいきました。そのプロセスは、同時に職員たちが抱く疑心暗鬼を解消していく道のりでもあったと言えます。

その一方で、懸命に走り続けて手応えを感じながらも、「何かが足りない」という思いが募り始めていました。それをあえて表現すれば、協同組織金融機関ゆえの弱点とも言うべきものです。言い換えると、これまでの「リレーションシップバンキング」に不足している部分ということでもありました。

「協同組織金融機関こそリレーションシップバンキングの担い手である」

そう自負してきた私にとって、「何かが足りない」という思いはのっぴきならないものであり、日を追うにつれて強まるばかりでした。

リレーションシップバンキングはともすれば、かねて旧知だった人や会社を守るという発想に集約されがちです。私たちの事業に当てはめると、ずっとお付き合いしてきた町内会や商店街を守りましょうということになります。もちろん、過去から存じ上げていて親しいお付き合いの関係があるからこそ、定量評価のみではなくて定性評価もできます。それによって、リレーションシップバンキングの様々な取り組みができるということに疑問をはさむ余地はまったくありません。

しかし、定量評価以外の情報といえども、過去のものが多いのです。たとえば、会社の生い立ちや沿革などを熟知していても、それは過去の情報であることに変わりはありません。したがって、いかに定性評価のレベルを高めても未来志向が希薄化しかねないというリスクがあることは否定できません。これは「未来志向こそ重要である」との考え方が私の頭のなかで明確化すればするほど、私を悩ませるものになっていきました。

それはちょうど、二〇一七年四月にスタートした現中期経営計画の内容を考えるタイミングに差し掛かっていたころのことでした。

二〇一七年三月末までの三カ年の中期経営計画は、二〇一五年度に当組合が創業五〇周年を迎えることに重点を置いたものであり、最終年度の二〇一六年度は計画で定めた目標の仕上げの一年であると同時に、次期中期計画の助走にあたる期間という位置付けでもありました。したがって、二〇一六年の年明けごろには次期計画に継いでいく重点施策を明確化させていました。「若者・女性を応援する組合」「地方と東京を結ぶ組合」「街づくりに貢献する組合」、そして、「食文化を支える組合」という四点です。そして、この四点を次期中期計画の軸に置こうと考えました。

未来型金融が目指すべきは創業支援と地方創生

その次にいよいよ考えなければならなかったのが基本方針でした。それを自分の頭のなかで悶々と考え続けていたのは、二〇一六年の秋ごろです。

その結果、三つのポイントに集約することができたのです。第一が「人とコミュニティの金融」です。これは協同組織金融機関として絶対に外せない普遍的なテーマであるからです。

第二は「育てる金融」です。これは創業を支援するという意味合いもあり、さらには人や事業、コミュニティを育て、地域社会の未来を創造しようとの思いです。じつは、それまでに築き上げたビジネスモデルについて、私は当初、「リレーションシップバンキング型の総合サービス」と言っていました。しかし、そのころには表現を変えていたのです。「未来型の協同組織金融」という言葉でした。そのうえで具体的に前面に押し出すことを決めていたのが「創業支援」です。創業に挑む若者や女性を応援する仕組みです。決算書に例えるなら、「過去の決算書」よりも、「未来の決算書」のほうが大切なのだという発想です。

ただ、これだけでは、私が関心を高めていた地方創生が語れません。そこで三番目として「志の連携」で開かれた金融機関として社会に貢献することを掲げました。と言うのも、信用組合は組合員によって構成される協同組合なので、組織的に動くと結束力が働いて効果を上げる反面、ともすると内向き志向に陥りがちです。しかし、閉鎖的な仲良しクラブのような存在になってはならない。そのためにはタコツボ化せず、外部に目を向けて開かれていないといけない。全国的な金融機能を有する協同組織という社会的なインフラとして開かれたものでなければならないのです。

私は「上向き」「内向き」「後ろ向き」は嫌いです。上司の顔色ばかり見て、組織内における都合ばかりの議論を振りかざし、前例主義にとらわれているのでは、顧客第一、顧客本位のビジネスはできないからです。「前向き」「外向き」の未来に向けた、開かれた金融を目指そうとの思いが日に日に強くなっていきました。

ここまで考えがまとまったところで、二〇一七年の年明けに、幹部のみなさんに私の考え方を伝えて、部長会を二度にわたって開きました。その場では、たとえば、「育てる金融」という表現は、やや上から目線な姿勢ではないかという意見もあり、これに対して、かえって「育む」に変えるよりも「育てる」のほうが我々の意思が明確に伝わるのではないかという反論も出るなど、かなり議論は活発に行われました。その結果、この内容で決定されたのです。

一番目は、すでに当組合が取り組んできた、言わば、協同組織金融機関としての永遠のテーマです。それに対して、第二、第三は新機軸と言ってもいいかもしれません。そこで、これについて、さらに話を進めます。

従来、私は自前主義はとらず、水平、垂直、あるいは斜めと、あらゆる角度から外部との多面的な連携を模索すると宣言してきました。私たちは単独の営利主義に立つのではなく、言ってみれば、志をともにする人たちとの連携を通じて社会における重要なインフラのひとつにならなければなりません。この発想から導き出したのが地方との連携です。もちろん、連携先は地方の信用組合だけではありません。すでに自治体、公的金融機関、大学、行政書士会や税理士会など様々な方々と手をつないできていました。

一方、「未来型の金融」を考えると、まず、未来を作り上げるのは誰なのかという基本的な問題があります。言うまでもなく、未来を作り上げるのは若者たちです。そして、世の中全体の流れでもありますが、女性の役割も大変に重要になっています。私はそこに着目しました。

ヒントとなったのは金融庁が金融業界に発した「一〇年後の経営を考えましょう」という呼びかけでした。とたんに金融業界からは「そんな未来のことは分からない」という声が上がりました。しかし、そうむずかしいことを考えなくても明快であることがあります。それは、すべての人が一〇歳、年を取るという絶対的な事実です。

当組合の理事長に就任して、まず実感したのは総代のみなさんがご高齢になっているということでした。当組合の取引先もほとんどがご高齢になっています。したがって、このままの姿を変えずにいけば、当組合はもとより、取引先も未来を描きにくくなってしまいます。取引先の八〇歳の社長に対して、一〇年後のビジョンを尋ねても、うかがえる方が少ないのが実情ですし、それは当然のことなのです。

今のビジネスモデルは、社長が長い人生をかけて懸命に作り上げてきたものであり、長い歳月をかけて守り育ててきた会社をこの先どれだけ守っていくのかということで、社長の頭のなかはいっぱいであるからです。しかし、現在、経営環境は激変し、過去の成功体験が生きないような状況にあると言えます。そうであれば、次世代の人に未来を託するしかないのでしょう。

事業家は、現役の経営者であり続ける限り、環境を見据えながら未来に向けて事業の絵（ビジョン）を描き続けることを求められます。しかし、その一方で、ある年齢になると、どうしても未来を展望するよりも守りになってしまいがちです。そこは、やはり、世代交代によって未来を追い続けるという形でブレークスルーするしかないのでしょう。

これは私自身にも言えることです。今は次々に新たな展開を考え続けていますが、一〇年後もこの姿勢を貫き通しているのか。これは大いに疑問です。還暦を過ぎた同年代の知人たちと会話していると、すでに懐古趣味的な話ばかりをする人が少なくないのが現実です。それでも仕事の世界でなければ、思い出話に花を咲かせることも楽しいことです。しかし、少なくとも経営のトップを担っている以上は、たえずこれからどうするのかを考え続けないといけません。それができないのならば、やはり、若い世代に将来を委ねるしかないのです。

高齢者から若者へ、都市から地方へ資金を循環させる

そうした観点から、金融の役割である資金循環の実情を改めて考えてみましょう。金融は経済の循環機能の役割を期待されています。金融はおカネという血液を世の中に循環させているという話です。おカネが動くことによって経済が活性化します。ところが、近年、わが国では資金循環が停滞していると指摘され、社会の閉塞感の強まりをもたらしている一因とも見られています。

言うまでもなく、わが国は豊かな国です。個人の金融資産が世界のトップレベルにあるというだけではなく、法人の自己（株主）資本比率の平均値もアメリカのそれを

超えています。無借金経営を誇る会社も少なくありません。これは取りも直さず、わが国がストックリッチになっているということですが、それでも閉塞感の強まりを否定できないのはなぜでしょうか。やはり、おカネが十分に世の中に行き渡っていないからです。おカネが蓄積されているのはいいとしても、それが特定の部門から広く流れずに、そこに滞留しているということです。

これを企業財務的に言い表すと、「総資産回転率がきわめて低い」経済になってしまっているという言い方になるでしょう。総資産回転率は、事業に投資した総資産がどれだけ有効に活用されたのかを示す財務指標です。回転率が高いほど、企業は自らの資産を有効に活用して高い成果を上げたことになります。逆に低ければ、成果を上げていないと判断されます。

おカネが特定の部門に滞留して社会に循環しないという状況は、企業財務の後者のケースと言えます。おカネが「生きたオカネ」になっていないのです。

私はかねて、このような状況を打開するには金融業界が新たな資金循環のすべを追求する必要があると考えていました。従来型の金融機能のあり方はもはや有効性が失われているからこそ、資金循環が理想的に働いていないのだとすれば、旧態依然とした仕組みに執着するのではなく、新たな金融機能を発揮できる仕組みを作り上げていくという方向に発想を切り替えていくべきであるという考え方です。

金融機能をもう少し深く考えてみましょう。メガバンクや地方銀行が担っている資金循環とは、人間の体に例えれば心臓や大動脈であり、信用組合など小規模な協同組織金融機関は大動脈からさらに分かれて体の隅々にまで血液を送り出すルート、つまり、毛細血管のようなものと言えます。したがって、毛細血管を通じて、社会の隅々にまで血液であるおカネを流し込んでいくことが私たちの使命であるという結論を導き出せます。

大動脈は規模の大きい会社などに血液を流すことです。一方、私たちは小規模な会社や町の商店街、あるいは町内会などにおカネという血液を循環させる。そのために、私たちは「目利き力」の強化を目指してコミュニティ・ローンを充実させ、この分野への資金循環を果たそうと挑んできたわけです。まだ途上にすぎませんが、その取り組みは着実に手応えを感じられるようになってきました。

しかし、資金循環の必要性はそれだけではありません。そもそも、金融が担う資金循環とは資金余剰の分野から資金不足の分野に、おカネが流れていくことを仲介するものです。具体的には、預金を原資にして会社や個人などへの貸出を実行して、資金余剰部門から資金不足部門へと血流を誘導するわけです。

では、資金余剰部門と資金不足部門はどうなっているのでしょうか。かつて、大企業が設備投資を拡大し続けた高度経済成長期には、企業（法人）部門が資金不足であり、資金余剰の家計（個人）部門の預金を企業部門へと循環させてきました。しかし、今、その必要性は大きく減じています。それでも、まだ、この伝統的な発想にとらわれ続けている傾向があります。「大企業による設備投資の資金需要が伸び悩んでいる」と、しばしば新聞紙上に記事が載るのはその一端と言えるでしょう。

もっとも、協同組織金融機関には大企業向け融資は無縁です。しかし、それでも、新たな発想で資金循環の構造を考えていく必要があることに変わりはありません。これは、どこが資金余剰であり、どこが資金不足なのかを見極めるということです。

コミュニティ・ローンを通じた「目利き力」の定着化を急ぎながら、私が考えてきたことはまさにこのテーマであり、そして行き着いたのは、世代間と地域間という二つの分野にわたる循環機能の必要性でした。すなわち、高齢者層が保有する資産がおカネを必要としている若年層に回っていないという現実であり、「人」「おカネ」「物」が東京に一極集中してしまって、地方経済に十分な血液（資金）が流れないでいるという現実です。

これを統計の数字で見てみましょう。総務省の「家計調査」によると、二〇一五年において「世帯主の年齢階級別貯蓄額」は、四〇歳未満では平均六〇八万円であるのに対して、五〇～五九歳は同一七五一万円、六〇～六九歳は同二四〇二万円です。世代間の貯蓄格差が生ずるのは当然のことですが、この格差は開く傾向にあります。若年層がおカネを持っておらず、その一方で高齢世代の貯蓄が厚くなっているということです。

一方、都市と地方の格差はどうでしょうか。最近、急速に進む少子・高齢化と、それを背景にした人口減少が深刻な問題として議論されてきていますが、そうしたなかでも、先行的な人口減少を伴った地方社会の現状が問題視されています。たとえば、経済活動という観点から、企業数を見てみましょう。総務省の「平成二六年経済センサス・基礎調査」によると、同年における都道府県別の事業所数は、東京都を筆頭に、千葉、埼玉、神奈川の首都圏三県や愛知県などで事業所数が増えている一方で、多くの地方の県で事業所数は減少しています。この傾向もまた問題となっています。

そこで、前者の世代間の問題を循環機能から説明しましょう。今、おカネを貯蓄という形などで保有しているのは主に高齢者層です。それに対して、若年層はおカネが乏しくて困っています。

高齢者層が保有しているのはこれまで努力して蓄積したストックであり、それは素晴らしい資産です。しかし、その資産を活用して未来に向けて何をしようとしますかと尋ねても、ここから新たなリスクを冒してまでやっていこうという意欲が湧くことはなかなか期待できません。高齢世代にはリスクに見合うだけの時間が残されていないという言い方もできるかもしれません。

一方、若年層はリスクに見合う時間的な余裕はあって、新たな事業を起こすようなチャレンジの意欲を抱いていても、それに必要なおカネがないということになります。

つまり、高齢者層は資金余剰部門であり、若年層は資金不足部門ということになります。そして、実際、若者には資金が回っていないのです。

これは資金循環の役割を担っているはずの金融業界にその責任があるのではないだろうか――。私はそう考えるようになりました。高齢者層から集まった預金で金融業界が国債を買い続けている一方で、事業を立ち上げたくても、おカネが乏しくて悩んでいる若年層が歴然と存在している。社会的には、そうした若者こそ閉塞感を抱いています。事業意欲の有無に限らず、「将来が不安だから結婚しない」「結婚しても子供を作らない」という若者が増えているわけです。

こうした状況を私たちが資金循環の役割を果たすことによって、少しでも変えることができるのではないだろうか。そう思い始めて、後述のように私は創業に取り組んでいる若者たちのもとを通うようになりました。

たとえば、創業企業の成長を後押しする「アクセラレータープログラム」をやっている団体があるという話を耳にすると、私はよく分からないながらも、「とにかく、見てこよう」と一人で通い始めました。

ちなみに「アクセラレーター」という名称は、会社の成長を加速する（アクセラレート）という役割に由来します。成長を加速するために、「メンター」（指導者）が会社に寄り添って会社が成長過程で不可避的に直面する問題、課題の解決に協力します。それは一定の期間を設定した訓練のようなものであり、アクセラレータープログラムと言います。

当時はそういうこともよく分からないまま飛び込みましたが、突然現れた白髪頭の闖入者《ちんにゅうしゃ》に「いったい、この人は何なのか」と参加している若者たちは興味を抱くのでしょう。私の周りに集まってきて、自己紹介して欲しいと言うのです。そこで、私が「第一勧業信用組合の理事長をしています」と答えると、みんなが「誰もおカネの相談に乗ってくれません」と異口同音に訴えるのです。

金融機関自らが創業支援に踏み込んでいく

そこで、彼らの話を聞くと、次のような状況が分かってきたのです。

彼らは創業支援のコンサルタントに相談すると、「政府系の日本政策金融公庫が資金面の支援をしてくれるかもしれない」とアドバイスされ「民間金融機関は、決算書も担保もないような人たちには融資をしない。民間金融機関はそのような業務はやっていない」と言われる。インキュベーターにしてもアクセラレーターにしても、あるいは税理士に相談しても似たり寄ったりの声が返ってくる――。

あるいは、こういう場面にも遭遇しました。壇上で講師のコンサルタントがこう説明しているのです。

「金融機関に資金面の相談に行く際には、こういう書類を準備をして、こういうポイントを踏まえて……」

それを聞いていて、私は気が付いたのです。

「いっそのこと、金融機関がアクセラレータープログラムを担えばいいのだ」

資金の出し手がプログラムを担えば、金融機関が直接的に面倒を見るわけですから「金融機関に相談する方法」などという間接的な話を聞く必要はないのです。しかも、よくよく考えてみて、こう思い始めました。

「この分野こそ、目利き力が究極的に試される世界ではないか」

「目利き力」と言う場合、従来、既存の中小企業を守るための事業再生の世界に焦点が当てられる形で語られてきました。その原動力となったのがリレーションシップバンキングの考え方にほかなりません。すなわち、業績が悪化しても、過去からその会社を知っているというリレーションシップがあれば、決算書や業績などには表れないその会社の経営者の人柄、信用力、実績も分かっているはずである。したがって、決算内容や担保価値などによる表層的な対応に終始しないで、その会社を事業再生という方式で助ける。これがリレーションシップバンキングのエッセンスです。あるいは、かつての金融円滑化法の主旨でした。そこにあるのは「日本経済を底辺で支えてきた中小企業を潰すな」という発想と言えます。

しかし、いかに「潰すな」と言っても、現実には経営者自身が廃業を決断するケースも少なくありません。したがって、私たち金融関係者が「事業を支援する」「事業承継のお手伝いをする」と言って金融面から注力しても、中小企業数の減少には歯止めがかかりません。

「中小企業白書」を見ると、二〇〇九年には四二〇万社を数えた中小企業数は、二〇一二年には三八五万社に、二〇一四年には三八一万社へと減っています。このうち、小規模事業者数は二〇〇九年の三六六万社から二〇一二年に三三四万社、二〇一四年には三二五万社と続落している実情が分かります。

ということは、もし、わが国の将来のためにも中小企業のすそ野を広げたいならば、既存の会社を守るだけでは十分ではない。会社を新たに起こそうとする人たちへの創業支援を行って、新たな企業の誕生を後押ししなければいけないという結論になります。そのためには創業への意欲を抱いている若者に目を向ける必要があるのです。

私はみずほ銀行の常務を務めていたころ、そのような人たちを見る機会がありました。たとえば、私が担当していたエリアのひとつである東京・渋谷で出会ったのは、アパレル関連企業の三〇歳代の経営者でした。場所は渋谷駅から近い「１０９」と呼ばれる商業ビルの一角です。ここは流行の衣服を販売する店が集積していて女子高校生などが大勢集まるところです。そこで若手社長は「ここに店を出すのが私の夢でした。苦節何年でようやく出店しました」と誇らしげに語っていました。

当組合の店舗がある新宿、渋谷、秋葉原などのエリアは、そんな夢を抱いて働いている若者たちが多い地域でもあります。ところが、当組合で二年間にわたって既存の中小企業を支援しようと取り組んでいるなかで、再び、創業分野が気になり始めて、その世界に足を踏み入れてみると、案の定、金融機関の姿は見られませんでした。これはなぜでしょうか。

銀行などは効率性を追求しているため、顧客とじっくりと付き合うことができません。しかも、二年ほどで支店長が異動になるようなローテーションを繰り返していきます。それでは、きちんとフォローすることができません。要するに、「育てる金融」はむずかしい。

かりにやっていても、支店ごとではフォローせずに、たとえば、年商が少額の中小企業や個人事業主との取引は、保証協会の保証を受けられる融資だけを集約して「ビジネスセンター」などで一括して定型のサービスを提供する形にしています。そこにあるのは典型的なプロダクト・アウトの発想であり、吊るしの既製服をS、M、Lとサイズに分けて提供しているような対応です。

それも無理のない話なのです。創業支援などは長期にわたって手間暇がかかるうえに収益性は高くはないからです。効率性、収益性を重視する株式会社形態の銀行では経営的にむずかしいということになります。

それでは、非営利の協同組織金融機関である信用金庫、信用組合はどうだったのかと言えば、残念ながら、従来、熱心に取り組んできたとは言えません。それは既存顧客である町内会や商店街とのリレーションのなかに埋没しがちであるからです。しかも、前述したように、地域金融機関の教科書のように位置付けられているリレーションシップバンキングの考え方ですら、既存顧客対応を前提にしており、創業支援という顧客創出の発想はきわめて希薄でした。

そうした実情を踏まえて、私が打ち出したのが「未来型の協同組織金融」です。「担保・保証や格付けに依存しない貸出」をモットーにして、創業支援の分野に踏み込むという未来志向の路線です。

目利き力を駆使して行う「担保・保証や格付けに依存しない貸出」は、リレーションシップバンキングのエッセンスと言えるものです。第三章で述べたように当組合はすでにコミュニティ・ローンでも実践しています。これを改めて確認したことには意味があります。

しかも、創業支援のような分野では、実績主義で担保に依存する金融は成り立ちません。少し考えてみれば、これは明らかなことです。たとえば、実績主義の金融では過去三期分の決算資料を求めますが、これから事業を始めようとする人たちに過去三期分の決算資料などあるわけがない。担保として拠出できる資産も有していないのです。

それでも、金融機関として、そのような会社に信用供与するのであれば、人物と事業ビジョンなどの定性評価をしっかりと行って与信判断を行うしかありません。つまり、創業支援こそ、「目利き力」が試される究極的な分野と言っていいのです。しかも、手間も時間もかかります。顧客と長い道のりをともに歩むことも求められるのです。したがって、効率性追求型のビジネスモデルが適していないことは言うまでもありません。

言葉を変えると、本来、金融機関が信用供与するうえで最もむずかしいのが創業支援なのです。しかし、私が考えてきた金融が避けて通るわけにはいかない領域なのです。コミュニティ・ローンの延長線上として、あるいは、従来のリレーションシップバンキングの考え方の延長線上として、やるべき分野はここにあるのだ——。

しかも、この分野は銀行などが近づかない金融の空白地帯です。「ナンバー・ワン」ではなく「オンリー・ワンの金融機関になる」という従来からの私の考え方にも合致する領域です。

創業支援ファンド設立を縁に地方連携も始動

「ここでオンリー・ワンになろう」

創業に挑む若者たちと会っていて、私は心のなかで創業支援に踏み出すことを決断しました。これは、私が抱いてきた不完全燃焼のような思いが解消する瞬間でもありました。と言うのも、銀行時代から、この分野には関心があったのです。しかし、当組合の理事長に就任した当初の間は態勢の立て直しに向けた抜本的改革に追われていました。それを最優先させながら不完全燃焼のような気持ちを抱きつつ、時間の余裕を見ては創業企業の若者たちに会って話を聞いていたのです。

そして、決断を下したころ、具体的には二〇一五年八月のある日のことです。某創業支援会社で出会った植木正彦さんが私のもとを訪ねてきました。何の用事なのかと話を聞くと、彼はこう切り出しました。

「私は九月で今の仕事の契約が切れます。一〇月から新田さんの信用組合で働きたいのです。どうでしょうか」

ちょっと驚きましたが、二つ返事で応諾しました。

これは前述のように創業支援の準備のための助走期間も終えて、そろそろ、本腰を入れようかと思い始めていた矢先のタイミングのことです。本腰を入れるというのは、創業支援の態勢整備に入るということですが、そのビジョンを描いていた私にはひとつ、大きな悩みが生じていました。

私は新機軸を打ち出す際には、つねに本部に組織を創設し、そこから戦略を全体に広げていくという方法をとります。ところが、創業支援室を創設するにしても、誰を室長にすればいいのか。創業支援はまさしく新機軸であるだけに、組合内にそれを任せられる人材が見当たりませんでした。とりあえず、私か、あるいは副理事長の赤平さんが創業支援室長を兼任する形で始めるしかないなと思っていたときに、植木さんの訪問を受けたのです。

そこで植木さんを室長に据えた創業支援室を創設することを決めました。私のバックアップがあるとはいえ、創業支援室は総合コンサルティング部のなかに植木室長一人のセクションとしてスタートしたのです。一人所帯の部門ではありながらも正式に組織を立ち上げた以上、のんびりと構えているわけにはいきません。私はそれまで温め続けてきた戦略を直ちに実行に移しました。そのひとつがファンドの創設でした。

創業時の会社には、貸出、つまりデット（debt＝負債）の提供だけでは足りないからです。会社を立ち上げて、即座に黒字経営で安定するなどということは夢の世界の話です。現実にはむしろ、当面、赤字経営が続いて当初の資本金が食いつぶされるというケースのほうが圧倒的に多いのです。「創業赤字で債務超過」は創業企業が初めに直面する財務上の試練と言っても決して過言ではありません。

そのたびに金融機関が「事業の継続は断念しましょう」と言っていたら支援にはなりません。様々なアドバイスを提供しながら、債務超過解消の支援もしなければならないのです。そのために必要なのは同じ資金提供でも、貸出ではありません。借入金はあくまでも負債であって資本にはならないからです。資本支援は出資によるエクイティ（株主資本）の提供しかありません。正確に言えば、創業支援のためには、融資による間接金融＝デットと、出資で応ずる直接金融＝エクイティが両輪として必要なのです。そこで、二〇一五年一一月、創業支援室の新設から間髪入れずに「かんしん未来ファンド」を創設したのでした。

そのとき、「ファンドの創設は信用組合業界のなかで第一号にちがいない」と思っていた私は愕然とさせられました。地方の信用組合のほうが先に取り組んでいる事実を知ったからです。

第一号と思っていた私たちのファンドは業界で、なんと第四番目のものでした。第一号の創設は飛騨信用組合でした。同信組が地域経済活性化支援機構（ＲＥＶＩＣ）との提携によって、地域活性化のための「飛騨・高山さるぼぼ結ファンド」を二〇一五年二月に創設していました。続いて、第二号のファンドは秋田県信用組合、第三号のファンドは福島県のいわき信用組合です。

率直に言って、私は驚いて「飛騨信用組合は日本で最も未来に近い信用組合なのだ」と周囲に吹聴して回ったほどです。実際、同信組は大変に進歩的な信用組合です。また秋田県信用組合は、人口減少が著しいなかで、目の色を変えて地域産業の育成に必死に取り組んでいますし、いわき信用組合は地元が東日本大震災の際に甚大な津波被害を受け、その復興に全力投球しています。つまり、それぞれ、地方社会の厳しい実情を打ち返すために必死で取り組んでいるのです。そうした地方の信用組合こそ先進的であり、私たちよりも先にファンドを創設していたことが分かったのです。これは驚きであるだけではなく、大変に感心させられ、私をさらに奮起させるものとなりました。

ちなみに、彼らのファンドはいわゆる地域活性化、地域創生に向けたファンドであり、当組合が創設したのは創業支援としてエクイティを提供するためのファンドという違いがあります。

出資と融資の両輪で創業企業を支えるスキームを用意

私の基本的な考え方は「ほかがやっていることはやらない。ほかがやらないことをやる」です。ほかが関心を寄せないのであれば、やる気が起きます。このときもそうです。おそらく、「かんしん未来ファンド」の創設は、IPO（株式公開）を目指さない会社向けの創業ファンドとして、きわめてまれな試みでしょう。そこで、問われるのが「出口戦略」なのです。

「投資先企業のIPOを想定しないのであれば、どのようにして保有株式の売却を行えるのか」

こう質問されるわけです。これに対して、私の出口戦略は次のようなものです。

そもそも創業企業はスタートアップとも呼ばれます。スタートアップにはスケール型ビジネスとスモール型ビジネスの二つに分かれます。スケール型は成長のスピードが速く、その先にIPOというステージを具体的に描きますが、スモール型ビジネスは成長のスピードはそれほど重視しません。

したがって、ベンチャーキャピタルなどの証券ビジネスに携わる人たちはＩＰＯのチャンスを狙って、スケール型ビジネスの会社には熱心に通って過剰なほどのサービスを提供する一方で、ＩＰＯビジネスと縁の薄いスモール型ビジネスの会社には目もくれないということになりがちなのです。

私たちはエクイティの提供と言っても、それでＩＰＯを目指して投資し、高い投資利回りを追求するビジネスモデルではまったくありません。具体的には、経営が安定してエクイティの必要がなくなれば、社長に株式を買い戻してもらって消却してもらうという方法がありますし、資本を借入に転換してもらうという方法も考えられるからです。

もちろん、スモールＭ＆Ａのような形で、その会社を応援する人に買い取ってもらうこともあるかもしれません。高い利回りさえ求めないのであれば、様々な選択肢が広がります。言葉を換えれば、私たちは「かんしん未来ファンド」でエクイティを提供した会社と末永い付き合いをしていきたいと願っているのであって、ベンチャーキャピタルのように保有株式を売却して利益を上げれば、その会社との関係が切れるというわけではありません。ファンドによる投資は、その会社と付き合い、その会社を支援し続けるための一里塚でしかなく、目的ではないのです。

このような「かんしん未来ファンド」によるエクイティ提供のスキームを導入したのですが、これで創業支援のための態勢が整ったというわけではありません。金融機関として肝心の貸出、つまり、デット提供の仕組みが必要であるからです。繰り返しになりますが、銀行は決算書の実績を持たない創業企業へのデット提供にきわめて消極的です。エクイティのみならず、スモール型ビジネスの創業には誰も手を貸してくれないのです。

しかし、協同組織金融機関は本来、おカネを貸すことによって社会に貢献する役割を負っています。その意味では、実績主義に基づいていようが、効率性の追求であろうが、取り組まないということ自体、社会からの付託に応えていないということになります。しかも、他の金融機関がやっていないというのであれば、「ほかがやらないことをやる」という私の発想の出番となります。創業支援への貸出の仕組み作りに動きました。

ところで、ここで創業間もない会社が陥りやすい財務構造について触れておきます。創業を始めた人たちには過剰にエクイティに頼る傾向があるからです。創業間もない会社が不調になった際に、そのバランスシートを見ると資産をカバーしているのがすべて資本（出資金）というようなケースが珍しくありません。裏返して言えば、借入による負債はないか、もしくはきわめて薄いのです。

創業赤字を回避するだけの最低限のエクイティを確保していて、金融機関による企業格付けである債務者区分で言うところの「要管理先」や「破綻懸念先」という低評価の企業にならないのであれば、通常の「在庫・売掛金」という流動資産に見合う経常運転資金は借入による負債で確保するのが合理的です。しかし、金融機関からの借入がままならないために、ベンチャーキャピタルから受けた資本で流動資産部分まで埋めようとすることによって、そうした状況が生まれてしまいます。

ところが、会社の業績が少しでも不調になるや、出資したベンチャーキャピタルなどが問題視して経営が混乱し収拾がつかなくなることすらあります。借入が手薄という財務構造の下では、このような最悪のケースが発生しやすくなってしまいます。こうした事態はやはり、避けなければならず、そのためには適正な負債構造を築くことが大切なのです。

なかでも、スモール型ビジネスの会社には、資産に見合う借入資金による負債がきちんと置かれていることが必要です。そこで、私たちが「かんしん未来ファンド」と並行して創設したのが「かんしん未来ローン」でした。

「かんしん未来ローン」はもちろん、原則無担保です。パンフレットには「担保・保証が要らない代わりに、期間内での返済の確実性について事業計画とともに、しっかりとお聞かせ頂きます」と記してあります。「事業性評価」をしますということです。融資対象は「社会や地域に貢献するような前向きな事業を創業しようとする方、または創業後間もないアーリーステージにいる方（概ね創業後五年以内程度）」としています。

「かんしん未来ファンド」「かんしん未来ローン」の創設を創業支援室創設からわずか二カ月足らずで一気に実現したのです。まさに休む暇なく取り組んだ成果ですが、その過程では人手不足が歴然としてきてしまいました。これは痛切な問題でした。当然と言えば当然のことです。そこで、私は創業支援室の人的強化に乗り出しました。若くて、やる気のある職員二人を創業支援室勤務に充てるのです。しかも、創業支援は「若者・女性の応援」ですから、一人はどうしても女性職員でなければならないと思いました。

職員面談の感触や社内評価に基づいて人選し、選び出したのが神楽坂支店の窓口業務を担っていた渡邊恵美さんでした。彼女は明るく、外交的な性格の持ち主であり、創業支援という業務にはうってつけであると判断したのです。ところが、これは余談ですが、当初、彼女はこの異動を強く拒みました。支店長に「なぜ、そんなわけのわからない新設の部署に私を異動させるのか」と食って掛かったそうです。しかし、異動して数カ月もすると、この仕事の面白さが十分に分かったのでしょう。私が冗談で「元に戻るか」と聞くと、彼女は「もう戻らなくていい」と笑いながら答えていました。

渡邊さんに続いて、異動の発令を出したのは、当時、東十条支店の営業を担当していた市川雄太さんです。彼は顧客からの信頼、人気が絶大で、そのために七年間も同支店にとどまっていました。そんな彼だからこそ、私はぜひとも創業支援室のメンバーになってもらいたかったのです。彼は発令を受けると、すぐに書店に駆け込んで創業支援関連の書籍を購入して読んだと言います。

いま、私は渡邊さん、市川さんを選んだことはやはり正解だったと自負しています。とにかく、これによって、創業支援室の陣容はある程度整いました。

東京理科大や日本政策金融公庫とも創業支援で連携

組合内の創業支援の陣容が整ったことで、次には外部との連携に動きました。私たちの単独態勢では対応は十分でないと判断していたからです。

ひとつは東京理科大学です。神楽坂をひとつの拠点エリアとしている当組合と東京理科大学は距離的に近かったということもありますが、むしろ、同大学が創業関連について非常に熱心であるからです。信用組合の上部機関である全国信用協同組合連合会（通称、全信組連）から東京理科大学との産学連携の話を聞いて、私はすぐに同大学に連絡しました。

同大学との産学連携協定は二〇一六年一月に提携にこぎつけました。言うまでもなく、東京理科大学は、総合理科系大学の代表格です。当組合では金融のノウハウはあっても、的確な技術評価、つまり、技術の目利き力は乏しいのです。たとえば、最新技術を取り入れたビジネスの創業といったケースでは、当組合だけでは対応はきわめてむずかしくなります。しかし、技術系の評価力に優れている東京理科大学の知見に頼れば、それは可能になるわけです。それだけではありません。同大学は「東京理科大学インベストメント・マネジメント株式会社」というベンチャー投資の会社を設立し、ファンドを運営しています。「かんしん未来ファンド」を設立した当組合にとって、これも魅力的でした。

東京理科大学からはファンドで投資した先の企業の金融上の相談を受けたり、当組合のほうでも顧客を紹介したりと、双方向の協力関係が出来上がりました。二カ月に一度程度の頻度で情報交換を兼ねた会議を行っているほか、二〇一六年八月に東京理科大学が開催した「スタートアップウィークエンド」（創業アイデアのビジネスモデルコンテスト）の際には、当組合の赤平副理事長が審査委員の一人として加わり、後述する当組合のアクセラレータープログラムの審査メンバーには東京理科大学が加わっています。

産学連携モデルと並ぶのが、日本政策金融公庫との連携です。同公庫とは創業支援が具体化する以前から、様々な取り組みで協調しようということで包括連携契約を結んでいました。しかし、私たちが創業支援に乗り出したころから、いよいよ、やり取りが多くなってきたのです。そうしたなかで、私たちの「かんしん未来ローン」の審査の内容を彼らに開示したところ、「これだけ審査をやっていれば、公庫の創業支援の審査も通ります」と言われたので、「であれば、私たちの組合が資金を出した会社に公庫も資金を出してもらえないか」と相談しました。

その結果として、二〇一六年四月に誕生させたのが、日本政策金融公庫との協調融資商品「未来へのコラボ」です。

じつは、それ以前から、私はこれと類似したスキームがあることを知っていました。日本政策金融公庫が大阪信用金庫と連携で創設したものでした。しかし、東日本ではこの種のスキームは皆無でした。この商品の仕組みを簡単に説明すれば、当組合の融資額と同額の融資を同公庫が前向きに検討するというものです。たとえば、創業の若者が「一〇〇〇万円必要です」と言ってきたとします。当組合の審査を通れば、同公庫も同様に審査を行い、彼は当組合から五〇〇万円、日本政策金融公庫から五〇〇万円の資金提供を受けることができるわけです。

日本政策金融公庫は創業支援としてワークショップの開催など多様な取り組みをやっています。それらにも相乗りさせてもらっています。

繰り返しになりますが、私は「自前主義は取らない」という「開かれた金融」の方針を掲げています。広がりと重みというものを考えれば、当組合単独ではどのように頑張っても、お客さまや社会の様々な要望、ニーズのすべてを受け止めることはできません。したがって、志を共有できる人たちとともにやっていくのです。日本政策金融公庫とのコラボは、まさにその典型であると言えます。

これに加えて、もうひとつ、紹介したいことがあります。私たちが創業支援に取り組む契機のひとつにもなったことなのですが、東京都が創設していた「女性・若者・

シニア創業サポート事業」という制度の活用があります。これは、東京都議会の議員の方々が発案された素晴らしい制度です。東京都は創業支援として同事業を二〇一四年に創設していました。しかし、同制度の取扱金融機関として定めた東京都内の信用金庫、信用組合の制度利用はまだ不十分でした。

私は「そうであれば、当組合が率先してこれに取り組もう」と思い、同事業に基づく「女性・若者・シニア創業サポートローン」を当組合の創業支援のひとつの柱に据えました。実際、その後、当組合はこの制度の取り扱い件数トップとなっています。

なぜ、このような差が出るのでしょうか。自慢ではありませんが、目利き力の違い、あるいは目利き力をベースにした融資への取り組みの差というべきものが、そこにはあるように思えます。東京都の事業は低利・無担保の融資制度が骨格であり、同時に利用会社には経営上のアドバイスを提供していくことになっています。

取扱金融機関は、決算書などがない新しい会社を審査して、融資実行後はアドバイスを提供するわけですが、肝心要の目利き力を備えていなかったり、あるいは目利き力を生かした貸出に意欲がなかったりすれば、そのような取り組みはできませんし、消極的になってしまいます。ところが、私たちは、無担保・無保証の信用による金融をモットーとして、目利き力を高める努力をしてきました。その差が出たということではないでしょうか。

その点、東京都の事業は、私たちの目利き力を生かした「未来型リレーションシップバンキング」「育てる金融」にまさに合致するものだったわけです。

地域金融機関主催で日本初の創業支援プログラムを開始

二〇一五年一一月に創業支援室を立ち上げて、かんしん未来ファンド、かんしん未来ローンを導入し、二〇一六年四月に日本政策金融公庫とのコラボを実現していくなかで、ようやく、創業支援の態勢が整ってきたと思えるようになってきたのが二〇一六年半ばのころでした。そこで、いよいよ本格的に打って出ようと決断しました。

ひとつは、スケール型ビジネスの対応として始めた「東京アクセラレーター」です。

もうひとつは、スモール型ビジネスへのアプローチである「地域クラウド交流会」でした。この二つの取り組みは、当組合が創業支援を本格的に発進させて運営していくためのアクセルとでも言うべきものです。

創業企業は外部の支援を必要としています。そこでアクセラレーターの出番となります。日本においてはまだ、アクセラレーターの存在は小さいのですが、欧米では大きな存在となっています。当組合が始めた「東京アクセラレーター」は日本初の地域金融機関が主催するアクセラレータープログラムとなりました。

その経緯はこういうものでした。

創業支援への一連の施策に手を打ってきて、その取り組みを加速させ、地域の活性化に貢献したいと考えていた私にチャンスが訪れました。日本のアクセラレーターの先駆的な存在である、「ゼロワンブースター」との出会いです。ある日、私たちが創業支援などの取り組みに懸命であることを知った公的機関の方から連絡を受けました。

「新田さんは、ゼロワンブースターという社名を聞いたことがありますか」

当時、私はアクセラレーターとインキュベーターの違いすら知らなかったほど、知識が不足していました。したがって、ゼロワンブースターの名前はまったく存じ上げていませんでした。知らないと知りたくなる。会ってみたくなります。私はさっそく、ゼロワンブースターに連絡をとって面談の約束を得ました。

面談して分かったことは刺激的でした。企業の成長のアクセル役であるアクセラレーターがアメリカでは数多く活動しているということでした。私はその役割にとても興味を抱きました。そこで、二〇一六年二月、ゼロワンブースターが行っている「ウィルグループ」へのアクセラレータープログラムの活動を、実際に見学させてもらいました。

会場には数多くの若者が集まっていました。そして、彼らに対して、いろいろなアドバイスの話をしているのです。金融機関からいかにして資金を受けるのかということも教えていました。「こうすれば、金融公庫がおカネを貸してくれる」「マル保（保証協会の保証）はこうなっている」という具合です。

前述したように、創業の際、一番目にぶち当たるのが資金の壁です。なにしろ、おカネが乏しく、それをいかに手当てするのか。それを乗り越えると、次に人の壁、つまり、人材確保の問題になります。

しかし、私はその話を聞いていて、次第に隔靴掻痒な気分になってきました、大企業の社外ベンチャー開発のためのアクセラレータープログラムは今や、日本でも少なくありません。私が訪れたのもそのひとつでしたが、いろいろな人たちがコンサルティングしているものの、間接金融の専門家が一人もいないのです。

「これならば、私たちの組合でやったほうが早いだろう」

私はそう思いました。なぜならば、当組合が主催するアクセラレータープログラムにおいて、ある会社がＤＫＣ（第一勧信）賞を得たならば、その時点で、その会社は当組合による金融面の審査が終了していることになります。プログラムのプロセスを経ていくたびに、私たちがヒアリングし質問をしているわけですから、それをクリアしていくということはそのまま、審査を経たことと何ら変わりはありません。信用供与の道が開かれたのも同然なのです。つまり、その先に資金調達の壁が待ち構えている創業企業にとって、当組合による直接的なプログラムの取り組みに参加することが最も早道になります。

そう考え、ゼロワンブースターの人たちにこう言いました。

「私たちの組合がアクセラレータープログラムを主催します」

日本では、金融機関主催のアクセラレータープログラムはありませんでした。メガバンクの一部でFinTech《フィンテック》（Finance×Technology＝金融とＩＴ技術を掛け合わせた領域）関連企業への支援活動があるだけです。少なくとも、地方銀行、信用金庫、信用組合など地域金融機関では皆無でした。一方、アメリカなどでは金融機関が主催するアクセラレータープログラムは数多く存在しています。

「誰もやっていないことをやる」

これが私のモットーです。やる気が一挙に出ました。ゼロワンブースターにはパートナーとなってもらう了解を得て、アクセラレータープログラムを見学に行った二カ月後の二〇一六年四月にはゼロワンブースターと計画を詰めていきました。ゼロワンブースターの人たちとは深夜まで酒を飲み交わしながら、喧々諤々の議論を幾度か重ねました。そして、五月には正式決定したのです。最初、名称を「かんしん未来アクセラレーター」としようかという話も出たのですが、インパクトが乏しいような気がしました。そう思っていたら、彼らから「新田さんが嫌ではなかったら、東京の地域金融機関なのだから『TOKYOアクセラレーター』という名前にしませんか」と提案されたのです。私は瞬間的に「そのアイデアをもらった」と叫んでいました。かくて名称は決定しました。

ゆくゆくは、東京アクセラレーターの延長線上で「北海道アクセラレーター」「福岡アクセラレーター」等々と広がっていけばいいのです。とにかく、重要なのは金融機関が主体となってやっていくアクセラレータープログラムを実現させることです。

すでに製造業などの大企業がアクセラレータープログラムをやっています。それは素晴らしいことです。しかし、たとえば、食品メーカーによるアクセラレーターではやはり、応募者は食品業に関する人たちがメインとならざるを得ません。その点、私たちは金融機関であり、特定の業種に偏るということにはなりません。参加者のすそ野は広がります。そのうえ、コンセプトは「東京を元気にする」という地域の活性化です。このコンセプトに合うのであれば、誰でもプログラムに参加できます。

業種が何であるかは問わず、とにかく、未来の東京に思いを馳せたプロジェクトはすべて持ち込んでほしい。そして、ゼロワンブースター、当組合によるメンターリングの下でプログラムを無事に終えることができれば、デット、エクイティ両方の機会を得られます。なにしろ、当組合は「かんしん未来ローン」「かんしん未来ファンド」という二つの機能を備えているのですから、それが可能なのです。

アクセラレータープログラムはコンテストへの応募を募るところから始まります。応募条件は「東京から未来を創る革新的なビジネスであること」というだけです。あとは応募者が法人か個人かは不問にしました。

創業支援業務を通じて成長を遂げる若手職員たち

このアクセラレータープログラムを担うのが創業支援室です。そのとき、陣容は室長のほかに、前述した渡邊さん、市川さんの二人が所属し三人体制でしたが、アクセラレータープログラムを実際に運営し始めれば、到底、三人体制では間に合わなくなることが予想されました。なにしろ、応募した会社の資料をすべて読みこなし、面談して選考し、絞り込んで、そのあとに、たとえ十数社であろうとメンターリングしようとすれば、三人では陣容が足りなくなるはずだからです。

そこで、人事部に、支店業務との兼務という形で創業支援室の業務に関わる職員を六人選定するように指示しました。業務の性格上、融資業務を担っている若手職員が理想です。私が人事部に言った条件は「やりたいと思う人に手を挙げさせてくれ」ということでした。

その方式で選任された六人は全員が事業金融相談員であり、各支店のエース級の若手職員でした。彼らは今、支店業務との兼任で創業支援に従事しています。

もう少し詳しく説明すると、創業支援室の二人と同様に、私が若手職員の登用にこだわったのは、当組合の未来は彼らの成長にかかっているからです。当組合の将来を担う職員を教育していくうえで、極力、多くの若手職員に創業支援を通じて、企業、あるいは創業に挑む事業家を一から見て、その肌触りを経験させたい。そう願っているからです。

現に、創業支援室の専任となった渡邊さんは「自分たちと同じ世代から刺激を得て、大変だけど、仕事が楽しい」と言っていますし、市川さんも「勉強は絶えずしないといけないが、やりがいがある」と充実した仕事ぶりを見せています。私は、その姿を見るにつけ、正しい選択をしたと確信しています。

もっとも、当組合は総勢三七〇人（二〇一七年三月時点）足らずの金融機関です。そうしたなかで、極力、若手職員には金融の現場で経験を積んでもらいたいと思っている反面、新規事業を立ち上げる際には、その経験も若手職員に積んでほしいのです。そこで、新規事業を担う職員の人事の話になるたびに、私の要求を受けて、人事担当者は苦しいやりくりを迫られています。

たとえば、創業支援室に異動となった市川さんのように支店の現場で中心になって働いているような人材を本部に移すと、支店では大変な痛手になることはまちがいありません。支店長たちには苦労をかけながら、これまでのところはどうにか、こなしてきているというのが実情です。

話を戻すと、このようにして陣容を整えて、アクセラレータープログラムの応募を待っていたのです。

「創業に向かっているすべての人たちが持ち込んできてほしい」

私は相当数の応募があると予想していたのですが、それでも「本当に参加者はあるだろうか」と内心では心配していました。私は当組合を誇りに思っています。しかし、大企業ではありません。中小金融機関のひとつにすぎません。ネームバリューは限られていると言えます。そこが主催するアクセラレータープログラムのドアを叩きに訪れる人はいるのだろうか――。

しかし、そんな気持ちは杞憂にすぎませんでした。なんと一一三件の応募が来たのです。この応募数の多さにはゼロワンブースターの人たちも驚いていました。と言うのも、一〇〇件を超える応募数となるアクセラレータープログラムは有名企業主催のケース以外になかったからです。しかも、応募件数の多さもさることながら、内容の質の高さに驚かされました。

私が「創業コミュニティ」と呼んでいるように、日本で創業関連の応援活動をしている人の数は、多く見積もっても五〇〇〇人程度にすぎません。コアの人は二〇〇〇人程度でしょう。つまり、とても狭い世界と言えます。これは日本の創業基盤の弱さということになります。その狭い世界からフェイスブックなどを通じて、あっという間に、創業支援を求めている人たちにまで情報が広がっていくのです。応募数の多さはそのようなルートで情報が伝わったからでした。私はネットの力を改めて実感させられました。

プログラム参加のコンテストへの応募は二〇一六年八月に締め切りました。約一カ月間をかけて、応募者に対するヒアリングを行い、九月二一日にコンテストの結果を出しました。最終選考にエントリーしたのは一四社です。全社が創業五年未満の若手企業ばかりが並びました。結果は優秀賞六社、アライアンス賞三社、ＤＫＣ賞五社でした。このうち、「成長性」「魅力度」「新規性」という評価軸で優秀な企業九社に絞り込んで、アクセラレータープログラムへの参加としました。

さらにここから約五カ月間にわたって、当組合やゼロワンブースターが多様な支援活動を続けて、その結果、さらに六社に絞り込んで、二〇一七年二月一七日は「ＴＯＫＹＯアクセラレーターＤｅｍｏＤａｙ」を開催し、六社がいかにアクセラレートしたのかを発表しました。具体的には、各社に五分四五秒のプレゼンテーションを披露してもらったのです（上写真参照）。

100件を超える応募を勝ち抜いた6社がプレゼンテーションに臨んだ「TOKYOアクセラレーターDemoDay」。将来有望な若手起業家が結集した。

これでアクセラレータープログラムは終了しました。この先は、当組合は取引先として付き合うことになります。また、この日の発表に残れなかった会社の場合は、ゼロワンブースターとの協同によるアクセラレータープログラムは終わったとはいえ、次には当組合単独による通常の創業支援の一環としての付き合いが続きます。実際、すでに貸出を実行している会社もあれば、今後、ビジネスマッチングやその他の相談に乗る会社もあります。

ついでに言えば、二月一七日の「DemoDay」は成功を収めたと思っています。その証しとして、当組合の創業支援室のメンバーも含めて参加した若者たちは、この日のスケジュールをすべて終えた後も誰一人帰ろうとせずに、結局、深夜まで当組合の近くのバーで語り合っていました。私もそこに参加していましたが、あたかも卒業式の後に名残惜しくて、いつまでも仲間で語らっているような光景でした。私は「取り組んでよかった」と心の底から思いました。

しかし、いつまでも、その余韻に浸っているわけにはいきません。なにしろ、創業支援を期待している若者たちはまだ大勢いるのです。

「次回はどうするのか。同じことを繰り返すこともないので、今度はＴＯＫＹＯアクセラレーターではなく、いっそのこと、全国に参加を呼びかけようか。そうなると、どこかと連携しないといけない」

いま、私はそんなことを考えています。

私はスケールにこだわるつもりはありませんが、東京アクセラレーターは、どちらかと言えば、スケール型ビジネスへのアプローチです。できる限り、スケールの大きなビジネスシーンに羽ばたける企業に育てたいというのがゼロワンブースターの人たちの夢でもあります。私もそこにつながるような企業が一社でも現れることを願っています。

第5章

創業支援と並行して進めてきた地方創生
先行する信用組合との協力で広域連携へ

「東京の下町発で創業の勢いを作りましょう」

二〇一七年三月一五日午後七時、私は東京の墨田区役所に隣接する区営のイベントホール、「すみだリバーサイドホール」で一八〇人ほどの人たちの前に立ち、こう挨拶をしておりました。当組合は、東京二三区で二番目となる「第一回 墨田区 地域クラウド交流会」を開催したのです（「地域クラウド交流会」はサイボウズ株式会社の登録商標です）（左ページ写真参照）。

第四章で述べた東京アクセラレーターと並行して注力しているのが、この「地域クラウド交流会」です。起業家などに集まってもらい、起業家のためになる様々な企画を盛り込んだイベント（交流会）を開催しながら、起業に向けた機運を地域に広げていくというのが地域クラウド交流会の役割です。

そこでは、起業家同士の情報交換や人的なネットワークの構築などが進められていきます。東京アクセラレーターがスケール型ビジネスのアプローチとすれば、こちらは主にコミュニティ型ビジネスのアプローチということになります。地域クラウド交流会は「つながる、広がる、うまれる～起業家の応援を通じて地域活性化～」をテー

立ったまま、あるいは床に直接座ったりと、思い思いの姿で起業家のプレゼンテーションに聞き入る地域クラウド交流会の参加者たち（右下）。イベントの最後には参加者全員で仲良く集合写真を撮るのがならい。

マに、今では北は北海道から南は九州までに開催が広がっています。札幌、釧路、東京、千葉、飛騨高山、広島、松山、大分。二〇一七年三月現在、約二年間で三六回開催され、参加者総数は延べ四八一一人にのぼります。

今行っている地域クラウド交流会がどう運営されているのかを説明しましょう。まず、これから創業する人、もしくは創業して間もない時期にある人のなかから五人のプレゼンターを選びます。東京アクセラレーターと違ってコミュニティ型の地域に根差したビジネスですから、メンバーは「地域で保育所サービスを立ち上げたい」「新規就農がしたい」「カフェを開きたい」など、起業という手段を使って地域の問題を解決したいとか、起業してこの地域で頑張っていこうという人たちが主流です。

それに対して、この交流会で起業家を応援する人たちを揃えていきます。たとえば、当日の裏方をやる人もそうです。大体一〇〇人ほどの参加者をメドに集めて開催しますが、実際には一五〇人ほどの参加にはなっています。参加費は一〇〇〇円です。このうち、五〇〇円を会場経費に充当し、残りの五〇〇円が五人のプレゼンターへの投票の原資となります。

たとえば、五人のうち、一番目のプレゼンターの話が面白くて興味があり、応援したいと思えば、その人に投票すると、その人に一票分の五〇〇円の商品券が賞品として渡ります。まさに「会えるクラウドファンディング」と言っていい仕組みです。ネットのクラウドファンディングは事業を起こす人の顔は直接には見えませんが、この仕組みでは顔がはっきりと見えます。

遊び心があるイベントであり、最初に「大人の本気のラジオ体操」という体操を参加者全員で行うことになっています。体を動かしてリラックスした後に、事業プレゼンテーションを行い、そして、交流と投票へと移ります。その場でフェイス・トゥ・フェイスのコミュニケーションが始まるわけです。

投票所の受付作業は地元のＩＴ関係の企業の方々や税理士や経営コンサルタントなど創業支援している方々がやってくれていて、投票に行けば、そこでも創業支援の人たちや、創業時に欠かせない業種の方と出会うことができる仕組みにもなっているのです。とにかく、会場には創業した人と創業したい人と創業を支援する人だけしかいませんので、私流の表現をすれば典型的な「創業コミュニティ」なのです。したがって、会場を訪れれば、志を同じくする人たちとのマッチングが必ず起きるわけです。

つまり、創業支援の集まりが地域クラウド交流会なのですが、その運営には手の込んだ仕組みが随所に工夫されています。「七つの『つながる』仕掛け」と呼んでいる、その仕掛けを説明しましょう。

まず、名刺の活用です。事前の参加申し込みは不要になっていますが、参加者は当日入り口の受付で名刺を二枚渡します。一枚は首から提げる名刺入れに入れて、他の人が見れば「何々さんである」ということが分かるようにします。そして、もう一枚は開催会場の一角に設置されたコーナーに張り出されます。つまり、参加者全員がどういう人が参加しているのかが分かるようになっていて、こういう仕事の人と話をしてみたいというきっかけとなります。

次いで二番目は、「地域クラウド交流会カード」です。同カードには二つの記入欄があります。上段の記入欄は、「こんなビジネスとつながりたい」「こんなビジネスをしている人を探しています」「こんな提供ができます」など、ビジネス上での様々な希望事項を記入するようになっています。

しかし、記入しただけではつながりきれないので、下段の記入欄には名刺を張るか、記入するかして、自分の連絡先が分かるようにしてあります。そして、やはり、名刺コーナーの近くに設置してある指定の場所に、このカードを張り付けるのです。これによって、参加者はどんな人がこの場に来ていて、自分とビジネス上でつながることができるかどうかを確認し、必要があれば連絡をとれるようになります。

第三の仕掛けは、チラシの封入です。交流会の場で自分のビジネスのお知らせなどのチラシを配りたい人がいます。そういう人には開始一時間前に来てもらい、すべての参加者に手渡しする袋の中に封入する作業をやってもらいます。

そして、四番目の仕掛けは投票所です。前述したように、参加者が支払う一〇〇〇円のうち、五〇〇円は自らのビジネスをプレゼンテーションした五人のプレゼンターへの投票権です。プレゼンターは各人三分間の時間でプレゼンテーションし、それを聞いたうえで参加者が投票するのですが、投票所はひとつではありません。第一から第六まで投票所が設置され、そこには、やはり、創業支援などに取り組んでいる人が配置されています。これらの人たちも順次、自己紹介するようになっています。

つまり、投票する人は、まず、応援したいと思うプレゼンターを一人選ぶと同時に、「この人とつながりたい」と思う人がいる投票所を選択することができるわけです。

ちなみに、三月一五日の交流会でプレゼンターに選ばれた人たちは、イベントスペースの提供事業、税理士紹介業、スイーツの企画・開発会社、SNS活用のIT事業者、農家直結型の鉄板焼き店経営者の五人の方であり、投票所に配置されていた六人の方は、商品の取扱説明書の作成会社、創業支援事業、会計事務所、行政書士事務所、経営コンサルタント、そして、当組合（墨田支店、向島支店）という顔ぶれでした。

この二段構えの投票を通じて、参加者はやはり、二段構えで、様々な人と出会い、つながる機会を得るわけです。実際、投票所では、投票する方と投票所にいる方が名刺交換などをして面識を得るようになっています。

五番目が五〇分間の交流会タイムです。名刺や交流会カードを見たり、あるいはプレゼンテーションを聞いたりして、「この人と話したい」と思えば、その人を会場内で探して出会えます。分からなければ、事務局がアナウンスなどして出会いの機会を提供します。

六番目の仕掛けは「応援し隊」と名付けられた、言わば、会場の出会いコンシェルジュのような役割を担っている人たちです。開場の一時間前には来てもらい、チラシの封入作業を手伝ってもらうほか、交流会が始まった会場でもいろいろと立ち回ってもらいます。たとえば、どんなイベントでも、交流の輪に加わりきれずにいる人がいるものですが、「応援し隊」の方がそういう人に声をかけて、いろいろな人との出会いの接点を作ります。もちろん、「応援し隊」も創業に関連する人たちなので、「応援し隊」との出会いもつながりのひとつとなります。

そして、七番目の仕掛けは「アフター交流会」と呼ぶ懇親会です。会場には飲み物、食べ物の類は一切用意していません。しかも、開催は夜です。そこで、交流会の終了後、会場で出会って、もっと話し合いたいと思う人たちが自由に二次会に向かうのです。交流会はそれを積極的に、しかも、地元の飲食店を利用するように勧めます。交流会の開催が少しでも地元の飲食業の方々のプラスに働くように考えているからです。

ちなみに、交流会の会場では、投票状況がクラウドシステムを通じてスクリーンに棒グラフで刻々と知らされるように工夫してあります。それを見ながら、参加者は投票に向かうわけです。そして、最後に一票五〇〇円の商品券が賞品として獲得投票数に応じて、プレゼンターの人たちに授与されます。プレゼンターの人たちは、その賞品を創業、あるいは事業のために使うことになっていますが、その際には、極力、地元に還元、たとえば、今回の墨田区であれば、墨田区で消費することを求められます。

投票の際、投票者からプレゼンターへの応援メッセージが一緒に添えられるので、プレゼンをした起業家たちは地域の方からの温かい応援の言葉で勇気が増し、「また明日からも頑張ろう！」と思えるのです。

賞品の金額は大きなものではありませんが、参加するすべての人の心を動かす、感動と感謝にあふれ、その場のエネルギーは、地域を元気に活性化していく、地方創生の〝起爆剤〟と言えるでしょう。

どうでしょうか。地域密着の創業支援のために手の込んだ仕掛けが各所に工夫されていることがお分かりになったと思います。その下で、創業した人、創業したい人、創業支援したい人がフェイス・トゥ・フェイスでつながるのが地域クラウド交流会なのです。

地域クラウド交流会は、地域密着のコミュニティビジネスの世界です。東京アクセラレータープログラムに応募するようなスケール型のビジネスの世界とは異なります。しかし、このイベントはとても素晴らしいと私は思っています。参加者も魅力的です。むろん、私も当組合も協力を惜しみません。日本政策金融公庫にも話を持ち掛けたところ、「ともにやっていきましょう」ということになりました。私たちが手薄な分野でも同公庫はネットワークを持っていますし、とにかく、全国展開しています。これは大きな力です。

そもそも、地域クラウド交流会は千葉で始まったものです。みずほ時代の部下の一人、永岡恵美子さんが銀行を退職して、現職であるIT会社サイボウズ社での新規事業として「起業家支援と地域活性化を掛け合わせた」イベントを開催していることを聞いていました。彼女は退職後のひとつの経歴である千葉市の起業家支援施設の館長のときに培ったノウハウを生かし、二〇一五年に社内で事業を立ち上げ、千葉市で開催しました。それが千葉県庁の職員の目に留まり、千葉県の主催するイベントともなり、県内では二〇回開催されることにもなりました。

それと並行して、全国展開も目指していた彼女は、翌二〇一六年、飛騨信組の方や高山市内の方々で組まれた実行委員会の主催で、千葉県以外での初開催を二月に飛騨高山で大成功させ、全国的な開催をスタートさせていました。

それで弾みをつけた「地域クラウド交流会」は六月、北海道釧路市でも開催が決まり、釧路信用組合が共催のイベントとして回数を重ねて開催され、新聞に何回も取り上げられ、釧路では一目置かれる有名なイベントになっています。

創業支援と地方創生が生み出した地域連携

やはり、地方の信用組合が創業支援と地方創生にいち早く取り組んでいたのです。新聞にも「地域クラウド交流会」はよく取り上げられて話題にもなっていました。そこで、彼女に声をかけ、「うちに来て、創業支援を一緒にやろう」と誘いました。協力の快諾を得て、彼女の会社では副業が可能であるということで、当組合のアドバイザーに就いてもらいました。

私のなかでは、創業支援と地方創生への取り組み意欲は同じ時期にオーバーラップして起きていました。創業支援のほうがやや早かったのですが、その際、ファンドを創設したいと思ったときも、飛騨、いわき、秋田県の三信組がすでにファンドを創設して地方創生に取り組んでいました。そうした地方の信用組合の活動は大変に刺激になっていました。

さらに言えば、創業、あるいは創業支援をしようとすると、活動は東京都内では収まりきれません。全国展開が必ず必要になっていきます。そこで、いずれ、ファンドを立ち上げている地方の三信組とは連携で組みたいと思っていました。

このように、結果的には地方創生と地域の創業支援が重なり合いながら進んでいくようなことになりました。

地域クラウド交流会の話に戻すと、私は「東京でもこれを開催したい」と強く考えるようになり、サイボウズ社の開催支援プログラムに申し込みました。そして、開催するなら、ぜひ地域の方々と連携していきたいと考えました。ところが、これは予想以上に苦労を強いられました。東京二三区の各区に説明に回りましたが、そのなかでようやく、江東区役所の担当ラインの人たちが興味を持ってくれました。そこで、東京で初めての地域クラウド交流会を、二〇一六年九月八日に亀戸の文化センター、一〇月二七日に東大島の文化センター、一一月一七日には西大島の総合区民センターと三回にわたって開催する運びとなったのです。

三回の「地域クラウド交流会」は、サイボウズ社の指導の下で創業支援室のメンバーが中心となって運営しましたが、私の期待どおりの出来栄えでした。

創業支援をやっていくとひとつの地域だけでは足りず、横への広がりが必要になってくることはまちがいありません。しかし、その一方で、当組合は東京に根を張った東京の信用組合です。東京での活動を疎かにするわけにはいきません。そこで、江東区での開催の後に「次はどうしようか」と私は考えていました。

そんな私にある話がもたらされたのです。江東区での地域クラウド交流会を見学に来ていた墨田区や江戸川区で創業支援を担当している人たちから「自分たちのエリアでもやれないか」という相談が持ち込まれました。次を考えていた私にとって、これは思いもよらない朗報でした。もちろん、その申し入れを快諾したことは言うまでもありません。そこで二〇一七年三月一五日に開催の運びとなったのが「第一回墨田区地域クラウド交流会」だったのです。加えて、江戸川区での開催も決定しました。

スケール型ビジネスに「東京アクセラレーター」を、そして、地域密着のコミュニティ型ビジネスには地域クラウド交流会をという二刀流で、創業支援に注力しているうちに、当組合はいよいよ「創業支援は第一勧信」というような見方をなされるようになってきました。

創業支援の取り組みの連携はますます広がっています。たとえばＮＰＯ法人の「インデペンデンツクラブ」との連携があります。このクラブに参加している地域金融機関は当組合だけです。

同クラブは「一人でも多くの人と一緒に、一社でも多くの公開会社を育てる」ことを目的に、企業家を中心に企業成長を支援する事業会社や金融機関、リソースピープルで構成されたベンチャーコミュニティです。こちらとも、年に数回、共同イベントを開催しています。「世の中に志のある方はたくさんいらっしゃるのだなあ」と感心するとともに、日本の将来も捨てたものではないなと元気が出てきます。

地域金融機関の連携がもたらす地方の活性化

当組合にとって、今、創業支援と地方連携という二つのミッションは密接に関連し合っています。当初より私が予想していたことでしたが、取り組みが深まるに伴って、この関係は鮮明になってきました。

繰り返しになりますが、東京で創業支援に取り組んでいくにつれて、東京経済圏だけでは収まりきれなくなることが見えてきたからです。当然のことです。いかなるビジネスもつながりで出来上がっている以上、東京経済圏のみで企業の活動が完結することなどあり得ません。完結することなどはあってはならないと言ったほうが妥当でしょう。

しかし、その一方では当組合は東京を活動拠点としている信用組合という立場にあります。したがって、当組合が支援する創業企業の活動が地方に広がっていけば、当組合だけでは支援しきれないという状況が生まれてくるのです。

そこで、私がつねに唱えてきたのが「当組合は自己完結型にならない」ということでした。連携できる先とは連携して充実した顧客サービスを提供していくのです。

地方の信用組合との連携に向かった背景の一つはここにあります。しかし、それだけではありません。地方創生に関しても関心を高めていたからです。

そもそも、信用組合は一九六〇年代には全国に五四二組合を数えていました。しかし、金融危機などの出来事を背景にした業界再編を通じて、その後、随分と数は少なくなりました。それでも、現在、全国各地で一五一組合が活動しています。銀行に比べて個々の組合は小規模であるとはいえ、店舗数を合計すると約一七〇〇店舗です。これは国内における巨大な店舗ネットワークと言えます。

もちろん、それらのすべてがつながっているわけではありません。かりにつながったとすれば、わが国有数のネットワークになるという話です。

信用組合の場合、その成り立ちや根拠法などによって営業エリアや業域が限定されています。したがって、信用組合同士が地域などでぶつかり合って対立するということはありませんが、その一方では、組合員組織の協同組織金融機関の特性とも言えることとして、内向き志向になりがちな部分があったようです。

相互不可侵の関係といえば、聞こえはいいですが、個々の組合が孤立していると見ることもできないわけではありません。全国規模の協同組織組合の集まりであるにもかかわらず、各地でそのような傾向が見られたのです。

しかも、多くの地方が大きな問題を抱えています。日本各地を訪れて痛感せざるを得ないのは地方経済の疲弊ぶりです。そこで政府は地方創生を掲げて、地域経済の活性化の政策を策定し実施に移しています。しかし、現状を見ると、地方創生は、地方社会のなかで、やはり、「タコツボ」的に地域ごとの課題と位置付けられて問題解決しようとしているように見えます。果たして、それでいいのでしょうか。

私は地方だけで「タコツボ」的に解決することはできないのではないかと考えてきました。東京で創業支援していると、いずれ、東京圏だけでは収まらなくなるように、地方の問題も地方だけでは解決できないと思っているからです。やはり、地方の問題の解決には、東京圏に集中してしまった人、物、金を地方に還流させるような、地方と東京を結び付けるというアプローチが必要なのです。金融論的に言えば、前述したように地方への資金循環が重要であるということになります。

一方、同じ金融分野では、金融庁が人口減少に伴う地域金融機関の将来性を危惧し、ビジネスモデルの刷新を求めています。この場合、金融庁は地方銀行などを想定しているようですが、地方銀行よりも狭域エリアで活動している小規模金融機関にとって、それはより深刻な課題となっています。地方の問題について、しばしば話題になるのが商店街のシャッター街化ですが、中小商店を主要顧客としているのは地方銀行よりも、むしろ、信用金庫や信用組合です。したがって、地域の衰退は信用組合の存亡に関わる深刻な問題なのです。

とはいえ、そうした事態に対して、信用組合が手をこまぬいているわけではありません。たとえば、一部の信用組合は逆風に立ち向かって地域の活性化に挑み続けています。私は、それらの信用組合を本当に尊敬しています。

そうならば、各地の地域経済を盛り上げていくために、信用組合同士が手を結んで協力し合い、協同組織金融機関として新しい価値を作り上げることはできないのだろうか。内向き志向を脱却して連携すれば、信用組合はより進化し社会的な要請に応えられるにちがいありません。私が地方創生への関心を高めた理由はここにありました。

マクロ経済的な観点から見ると、金融の役割が資金循環であることはすでに指摘したとおりです。資金循環という金融の役割は今も何ら変わっていません。しかし、問題はそのあり方の変化です。水が高いところから低いところへと流れるように、資金余剰部門から資金不足部門へとおカネは動くべきであり、金融機関はそれが円滑に動くための仲介機能を期待されているのです。

血液が人間の体内をきちんと流れれば適正な体温が保たれますが、血行不良となれば、体温が下がり、体内のいたるところに問題が生じます。おカネの流れも同じことです。資金が円滑に循環すれば、経済の体温は適正水準に保たれます。しかし、行きわたらなければ経済の体温は下がり、経済は変調を来します。経済活動が活発化するわけがありません。

わが国は長らく、地方は資金余剰であり、東京などの大都市圏が資金不足という構造でした。今もそう見られがちですが、それはどうでしょうか。大都市圏の資金不足は、そこで活動している大企業が設備投資を活発化していたからです。設備投資のための資金を確保する動きが強かったために資金不足という事態が生じていました。しかし、いま、大企業の多くが資金余剰という状況です。それでも構わず、いまだに地方から大都市圏への資金の流れが一辺倒で続いています。

信用組合などの協同組織金融機関は、メガバンクなどとは役割が異なります。メガバンクなどは血液循環の世界では大動脈です。しかし、信用組合は毛細血管です。今、大動脈のあり方も問われ続けていることはまちがいないとしても、地域経済の細部に低体温化があるというのであれば、そこには毛細血管を通じた循環機能の強化が必要になっているのではないでしょうか。つまり、私たち、協同組織金融機関の役割が問われているということです。

一年足らずで一六もの信用組合との広域連携が実現

もちろん、地方連携で求められている役割は資金循環だけではありません。いろいろな切り口から、血行を良くする努力が必要になっているのですが、金融を担う者として、私はそういう考えを強く持つようになっていました。

二〇一五年の秋ごろのことです。私は全国信用協同組合連合会の内藤純一理事長と二人でお話する機会がありました。そのとき、内藤理事長は「信用組合が信用組合らしさを創出するためには、横のつながりをもっと強化しなければならない。お互いが相互協力の精神で支え合うという、信用組合の原点に立ち返って、東京と地方とのリレーションを強化する。そんな取り組みをやってみませんか」とおっしゃいました。

私としては、わが意を得たりの思いでした。

ちょうどそのころ、しばしば耳にしていたのが新潟県の糸魚川信用組合と塩沢信用組合という二つの信用組合の存在でした。いつものように、私はすぐに動きました。二〇一五年暮れに電話をして「こういうことを考えているのです」と面談を申し入れました。すると、塩沢信組の小野澤一成理事長、糸魚川信組の黒石孝理事長が正月明けに直ちに当組合に足を運んでくれるというのです。私にとって、これは非常にありがたい話でした。

こちらが申し入れたにもかかわらず、二人の理事長がわざわざ来ていただくというのですから、私にはそれなりの準備が必要でした。そこで、いくつかの具体的な提案を考えました。ひとつは、当組合本店に地域連携室をつくり、本店二階スペースを各信用組合の東京支店として活用してもらうという提案です、二つ目は、二〇一六年二月に当組合の本店で物産展を開催し、そこへの出店の依頼です。それから三つ目として、それぞれの地元物産を懸賞とする懸賞付き定期預金の導入です。この三つの提案を用意しながら、さらにいろいろと連携できる事業をやっていきたいと思いました。

三人の話し合いはトントン拍子で進みました。二時間ほど議論したうえで、業務連携契約を締結するという結論まで一気に達しました。私はそれほど迅速に物事が進められるとは思っていませんでした。なにしろ、遠隔地間の信用組合同士の連携は初めてのケースだったからです。それを即答に近い形で決断されたのですから、さすがに高い評判を得ている理事長であると感服しました。今でも、このお二人には感謝の気持ちでいっぱいです。そこで、二月の物産展の開催に合わせて、マスコミを呼んで調印式を行うこととなりました。

それだけのことをやっていくには、やはり、当組合の態勢整備が必要になります。そこで、一月には本部の業務推進部内に「地方連携室」を立ち上げ、併せて全支店で一人ずつ、地方連携の担当者を指名しました。

この話をさっそく信用組合業界に伝えました。そして、私はピンポイントで、飛騨、いわき、秋田県の三信組に連絡を取り、理事長へのアポイントを得て、順次、訪問して地域連携契約に加わってもらいました。一方、北海道の北央信用組合の林伸幸現理事長（当時、専務理事）からは、逆に話を聞きたいとの御依頼があり、私たちの考え方を説明したところ、ほぼ即答で参加を決めてくださいました。

このようにして、地方連携の輪は次第に広がりました。締結調印の順番で紹介すると、二月一五日の糸魚川、塩沢両信組を第一号として、四月には北海道の北央信組、福島県のいわき信組、千葉県の君津信用組合と提携し、六月には岐阜県の飛騨信組、七月には岡山県の笠岡信用組合、八月には新潟県のさくらの街信用組合、群馬県のあかぎ信用組合、九月には山梨県の都留《つる》信用組合、東京都の全東栄信用組合、一一月には栃木県の那須信用組合、岐阜県の益田《ました》信用組合、埼玉県の埼玉信用組合、一二月には栃木県の真岡《もおか》信用組合と次々に提携を実現しました。

それとは別に、糸魚川信組との連携を契機にして、二〇一六年一〇月には糸魚川市とも連携協定を締結しました。

じつは、糸魚川市役所と北陸新幹線の糸魚川駅の間のエリアには数十軒の空き家があり、その保有者の多くが東京に出たきりになって建物が老朽化しているケースが少なくないそうです。その対策として、当組合では連携協定に基づいて「糸魚川ローン」という商品を組成しました。東京在住で糸魚川に不動産を有している人を対象にして、老朽家屋の建て直しなどのための資金を融資するわけです。

協定の一環として、東京在住の糸魚川出身の方々による「東京糸魚川会」の総会にも出席しました。その席上で私は「当組合は糸魚川信用組合の東京支店です」と挨拶しています。地域型の信用組合は、エリア外の業務展開はできません。糸魚川信組は東京でのローン業務をしたくてもできないわけです。そこで、私はあえて「東京支店」という言葉を使ったのです。

こうして、当組合の地方連携はついに一六信用組合と糸魚川市の一七先となりました。

本店二階を連携先信用組合の〝東京支店〟として開放

地方連携とは具体的にいかなる内容なのかを説明しましょう。「連携協力に関する協定書」を当組合と連携先の組合で提携するところから始まります。協定の目的は「相互扶助の精神に基づき、相互に連携、協力して地域社会の発展や組合員の幸せに一段と貢献すること」です。協力事項として定めているのは、①地域貢献・活性化活動に関すること、②組合員が行う事業の利用促進・販路拡大に関すること、③組合員の利便性向上に関すること、④商品開発に関すること、⑤その他目的を達成するために必要な事項に関すること、の五項目です。

当組合は本店二階を連携先の信用組合が「東京支店」として活用できる「地方連携オフィス」として開放しました。連携先の信用組合は、ここで東京での顧客紹介、あるいは東京の学校を卒業予定の学生への採用面接などを行えます。また、連携先信用組合の地域における名産品を展示したり観光パンフレットを並べたりして活用しています。

たとえば、二〇一七年二月一五日には、本店三階の会議室で物産展を開きました。参加したのは、糸魚川、真岡、那須、都留、埼玉の五組合であり、各組合が取引先とともにその商品の展示・販売を行いました。また、東京の全東栄信組の東長崎支店も同時に塩沢信組の物産展を開催して頂きました。物産展の開催を知って、様々な方が足を運んでくれたほか、まだ連携協定を結んでいない信用組合の方も見学に訪れていました。

糸魚川信組の黒石理事長は同組合のコーナーの前に立って、率先して商品説明とセールスを行っており、地元の新潟県立海洋高校の生徒たちが開発した魚醤などの商品が売り切れていました。

このような取り組みは本部だけで行うわけではありません。当組合は東京二三区に二六拠点（二二支店・四出張所）を有しています。各店では、地元の町内会や商店街の方々が年間を通じて様々な行事、イベントを開催しています。新年会に始まり、節分の豆まき大会、花見、盆踊り、秋祭り、忘年会などです。地域コミュニティの一員として、当組合は支店の職員たちがそれらに参加して、懸命に盛り上げています。

この分野にも地方連携戦略をつなげています。地方の信用組合の顧客に東京の行事、イベントに参加してもらうのです。これによって、当組合と連携先の信用組合のみならず、相互の顧客レベルでの交流も図れるようになってきています。

単に参加するだけではなく、地方の物産をイベントに持参してもらっています。たとえば、品川区のＪＲ・地下鉄目黒駅前で毎年九月に開かれる「目黒のさんま祭り」

では、第一回目から当組合の職員がさんまを焼いて盛り上げてきた経緯があります。二〇一六年九月は初めて、福島県いわき信組の顧客である、いわき市の水産加工業者の方に参加してもらい、いわき市の郷土料理である「さんまのぽーぽー焼き」の販売をしてもらいました。これは大好評で早々と完売しました。同市の水産加工業者のみなさんは東日本大震災で甚大な損害を被りました。いわきの復興に少しでもお役に立てたのではないでしょうか。これもいわき信組と業務連携を結んだからこそ、初めて実現できたものでした。

ほかにもあります。まだ多くは草の根の活動の領域を出ていないものの、なかにはこんな喜ばしい展開もあります。二〇一六年一二月には新宿区神楽坂のスーパーで秋田の物産展を開催してもらったところ、販売した山菜が大変に高い評判を得ることができました。それに加えて、神楽坂にある高級天ぷら店が「秋田の山菜を使いますよ」と言ってきてくれました。つまり、一時的な開催だった物産展がビジネスマッチングのルートになったのです。

これは秋田県信組との連携の成果です。同信組の北林貞男理事長は地域の疲弊を危惧して、二〇一〇年には意欲のある事業家を集めて「田舎ベンチャービジネスクラブ」を立ち上げ、新規事業立ち上げを支援する取り組みを開始した素晴らしい金融機関経営者として知られています。

「田舎ベンチャービジネスクラブ」の会員企業の新規事業のひとつが、どじょうの養殖です。元来、秋田県にはどじょう文化があって養殖も行われていたのですが、経営は決して安定的とは言えず、小規模業者の方々が苦労していたそうです。そこで、同組合はそれらの業者の人たちとともにブランド化を目指したのです。そのために設立したのが「秋田どじょう生産者協議会」です。事業者ごとの展開では出荷量などに限界があり、その壁を打破する協力態勢を組んだわけです。そして、北林理事長が自ら、東京で販路拡大の努力をしました。たとえば、どじょう鍋の老舗を訪れてセールスし、取り扱いを開始することができたそうです。

ちなみに、このどじょうは、日本において世界遺産（自然遺産）に第一号で認定された白神山地や鳥海山から流れてくる伏流水で養殖したものです。もちろん、農薬の心配などまったくありません。まさに食の安全の手本のようなどじょうです。

私は二〇一六年八月に現地を訪問しました。養殖場に隣接する農家がラズベリー栽培に力を注いでいました。その果実で作ったジュースを飲んだら、これがとてもおいしいのです。

「これをどうするのですか」と私が尋ねると、「売る先がなくて」という返事でした。そこで、東京に戻った私は江東区のケーキ屋さんに「秋田の白神山地のラズベリーを使いませんか」と打診しました。すると、ラズベリーケーキに使ってくれると言うのです。私は白神の自然遺産でできた「白神のラズベリー」というブランドで売りましょうと勧めました。

草の根レベルの協力を一つひとつビジネスにつないでいけばいいのです。信用組合の取引先は大きな生産者ではありません。したがって、自分だけでは流通ルートを作れないのです。しかし、大変に品質の良いものを作っていることはまちがいありません。一方、その受け皿となる東京では、巨大小売業や大きな食品スーパーなどは「どれだけ多くの量を安定的に供給できますか」という話になるに決まっています。地方の信用組合の取引先である生産者がそれに対応できるわけはありません。

しかし、東京でも料亭や料理屋などであれば、それほどの量は必要としていません。むしろ、「今の旬のものを届けます」と言うほうが喜ばれます。

地方の商品を第一勧信のネットワークで売る「地産都消」も

「地方創生」というと、地方に大企業が進出して活性化というような発想に陥りがちです。しかし、果たして、それだけなのかというアンチテーゼが我々の地方創生ビジネスでもあります。地方が小規模の生産者であれば、それを消費する東京も小規模の消費者で構いません。両者の結び付きのルートさえ築ければ、モノは東京に流れておカネは地方へと還流します。

その代わり、安売りせずに少量でも質の高い品物でつなげていく。価格を下げて大量販売という販売手法には、信用組合の顧客は決して適しません。

たとえば、新潟のキノコ農家が作っている黒マイタケは小さい箱に入って二〇〇〇円します。それを東京・青砥《あおと》の商店街の祭りでバター焼きの試食販売をしたところ、飛ぶように売れました。農家の人に聞いたら、「こんなにいいものは既存の販売ルートには流さない」と言っていました。ブランドにしたいからだそうです。だから東京の高級料理屋で使ってもらえないかというわけです。そこは私たちの信用組合の顧客層にほかなりません。

このようにして、地方の商品を当組合の顧客ネットワークを活用して東京で販売していく仕組みを、私は「地産都消」と呼んでいます。しばしば、「地産地消」が論じられますが、そうではなくて、地方創生のためには、地方の生産物を一大消費地である東京で販売する「地産都消」が必要です。それによって、前述した地方への資金循環が生まれます。

その一環として、当組合が販売ルートとならなくても協力できることもあります。たとえば、伝統を重んじながら全国各地の新しい物品を応援するために販売する「まるごとにっぽん」という商業施設が浅草にあります。いまや、外国人旅行客までがひしめくほどの話題の人気スポットになっているのですが、ここに塩沢信組の地元である新潟魚沼産のコシヒカリが置かれています。とてもおいしいコメであり、よく売れています。ところが、生産者たちは東京にやってきても、駐車場料金が高くて、「せっかく売れても、駐車料金で利益が消えてしまう」と困っていました。そこで、私たちの東浅草支店の駐車場を無料で提供しています。

ところで、前出の新潟魚沼産コシヒカリは、私たちが普段買うコシヒカリの四倍ほどの価格のものもあります。これも通常のルートには流れていません。そのコメを当組合の三階で販売したところ、やはりあっという間に売り切れました。

とにかく、一年近く、このような企画を続けてきて私は確信できました。「高くて売れない」ということはないのです。それにふさわしい販売ルートさえ築ければ、いい商品を高く売ることはできます。これで地方の信用組合の取引先である生産者を後押しできるし、たとえば、食材であれば、それを使って好評を得た東京の料理屋にとってもプラスになるはずです。東京の名の知れた料理屋で使っているとなれば、それだけで大きな話題になって商品のネームバリューも高まります。そうすれば、より高く販売することも可能になるでしょう。

こうした商品という物の動きと並んで、地方連携では人の交流も非常に重要な要素です。東京の商店街の行事に地方の信用組合の取引先の方々が参加するというケースを紹介しましたが、それに限りません。むしろ、最もハードルが低いのは、東京から地方への観光であると思います。実際、当組合の顧客である町内会、商店街などのコミュニティの方々が旅行を計画しているとき、当組合の連携先である地方の観光案内を提供しています。

二〇一六年一一月には、延べ五〇〇人以上の当組合のお客様をバス二〇台以上で、一泊二日の福島旅行を実施しました。行く先々で、いわき信組のみなさんが歓迎の旗を振ってくださり、お客さまからも「信用組合のネットワークはすごいね」と喜んで頂きました。

逆もまたしかりです。連携先である信用組合の顧客の方々が東京に来られる場合もあるでしょう。

地方創生の〝キャッチャー〟たるサポート役に

これにもまして期待できるのは経営者同士の交流です。これは、地方連携に限らず、当組合単独でも、とても重視しています。そこで、ちょうど、塩沢信組、糸魚川信組と第一号の地方連携を実現した二〇一六年二月に、当組合は若手経営者の組織である「かんしん未来くらぶ」を立ち上げていました。

私が当組合に着任して、すぐに支店ごとの顧客の組織である「かんしんくらぶ」を発足させましたが、これだけでは満足できなかったのです。と言うのも、「かんしんくらぶ」は長いお付き合いの顧客に集まって頂いた、言わば、懇親の会のような組織であり、どうしても、参加者は年配のみなさんになってしまいます。それで、親睦のためにゴルフコンペや観劇の会などを開くのが恒例です。これはとても大切なことですが、私はそれだけではなく、別途、若手経営者のみなさんが勉強する会も作りたくなりました。

当組合はすでに「若者・女性を応援する」というスローガンを掲げていることも念頭にありました。つまり、「かんしんくらぶ」は半ば第一線を退かれた一代目の経営者の集まりだとすれば、「かんしん未来くらぶ」は実際に日々の仕事に携わっている二代目、三代目、あるいは、若手の創業者の人たちが交流し、研修するような組織です。そこで、私はさっそく、「五〇歳以下の経営者という条件」を定めて、組織作りを指示しました。具体的には、「女性プラス五〇歳以下の経営者」という参加条件です。「かんしん未来くらぶ」は、参加者一五〇人ほどの規模の組織になりました。最初に、全メンバーを対象とした講演会を開催した後、「衣食住」をテーマにして、飲食業の若手経営者を対象とした「食」の勉強会を開催しました。飲食関連に強い税理士、公認会計士や、飲食業で急成長している企業の経営者を講師に招いた勉強会です。続いて開催したのが「住」で、不動産・建設関連の経営者を対象とした研修でした。最後に、「衣」の研修として、身に着けるものというテーマで、特別ゲストをお招きし開催しました。さらに一一月には、「ブランディング」に関する講演会を計画したのです。

その少し前のことです。新潟県阿賀野市に本店を置く、さくらの街信組の長谷川信一理事長と話し合う機会を得ました。そして、長谷川さんから地元の話を聞くことができたのです。それはこういう話でした。

日本のニット製品の大半は新潟県の五泉《ごせん》市で作られています。組合員の方々の多くはニット事業に携わっていますが、ニット製品を作っても買い叩かれるという厳しい商売が続いているというのです。

その話が頭にあった私はよい機会だと思って、長谷川さんに「ブランディング」の講演会に参加されるように強くお勧めしたのでした。長谷川さんだけではなく、取引先の経営者のみなさんも参加するように勧めました。また、連携先の他の信用組合もお誘いしました。

その結果、さくらの街信組から十数人の経営者が参加されたほか、複数の信用組合から取引先の経営者のみなさんが参加されました。

私がお誘いしたのは、この日の講演がブランディングプロデューサーの安藤竜二さんを講師として招いたものだったからです。安藤さんはかつて、愛知県岡崎市で材木会社の営業マンとして働いていた経歴があります。そのとき、通常の材木は買い叩かれるにもかかわらず、秋田杉は高価格で買ってもらえる。この違いは何か、ブランドとは何か、そう考え続けた末に、結局、今の職業に行き着いたという人物です。そんな安藤さんの話は参考になるはずだと思ったのです。

日本の中小零細企業は、自らのブランドというものをほとんど考えていないというのが、彼の指摘でした。「ともかく、安くするので買ってほしい」となってしまっているのです。そうではなく、自らの商品のブランドプロミスをきちんと話をすることによって商品価値を高めることは、中小零細企業にもできることだという話でした。

参加者は二〇〇人ほどに達しましたが、後援会の後には名刺交換会を開催して、地域が異なる経営者同士の交流機会を提供しました。こうした取り組みも続けていく考えです。なにしろ、地方の信用組合でも秋田県信組が創設した「田舎ベンチャービジネスクラブ」のように、若手経営者の会などを創設して、地元の未来のために一生懸命になっているところは決して少なくないのです。そのメンバーの経営者たちが交流すれば、何かが動き出す可能性があります。

当初から「かんしん未来くらぶ」と地方連携を結合させるという発想があったわけではありません。しかし、奇しくも、この二つのプロジェクトは同時並行で進みました。今後、二つのプロジェクトのコラボレーションはあり得ると、この日の交流会に参加していて私は思いました。

実際、各地で地方創生に懸命に挑んでいる信用組合では、着実に若手経営者が育っています。そんな意欲的な信用組合のひとつが、いわき信組です。じつは、二〇一七年になって、同信組の江尻次郎理事長からこんな連絡をもらいました。

「当組合の若手経営者を東京に連れていくので、そちらの若手経営者との交流会を開いて欲しい」

大変にうれしい誘いでした。さっそく、準備に取り掛かったことは言うまでもありません。

私は今、「創業支援×地方創生」という言い方をしています。地方創生には創業支援が必要であるし、東京といえども、創業に挑む人たちのなかに東京都内だけでなく、全国展開を考えている人が少なくありません。そもそも、当組合が創業支援で取り組んでいるアクセラレータープログラムや地域クラウド交流会には、地域の壁などあり得ません。むしろ、ネットを活用することによって、日本全国に展開するような発想が生まれてきます。信用組合のネットワークを生かして応援できることは限りなくあると信じています。各地の地域とともに生きる信用組合が結び付くことによって、遠く離れた地域コミュニティがつながっていくということです。

そうしたなかで、「かんしん未来くらぶ」をいかに発展させていくのか。いろいろな組み合わせ方があると思っています。夢は広がるばかりです。当組合が取り組むべきことは限りなくあります。

こうした活動を通じて、当組合は創業支援のみならず、「地方創生の信用組合」とも言われるようになりました。活動を認められることは、率直に言ってありがたい話です。しかし、地方創生の努力が認められて、脚光を浴びるべきはあくまでも地方であり、努力を惜しまずにいる地方の信用組合です。当組合はそのサポート役にすぎません。

私は地方連携を野球に例えて、当組合の立場をキャッチャーであると説明しています。地方創生の主役である地方の中小零細企業や生産者のみなさんが投げたボールを、キャッチャーとして受け止めて、そして、投げ返すのが当組合なのです。しかし、キャッチボールは一人ではできません。ピッチャー役とキャッチャー役がいてこそ、ボールは投げられて受け止められます。その関係が地方連携であり、この輪はこれからも広がりそうです。そうしたなかで、地方と東京の結び付きがいよいよ強固になっていく。これが当組合の目指す世界なのです。

第6章

信用組合初の農業ファンドを九組合で立ち上げ「人とコミュニティの金融」が目指す未来とは

厳しい状況に立たされても、自らのレゾンデートルを確固たる方針として持ち続ける。コミュニティ・バンクとしての進化を追求する——。

このような気持ちを共有できる地方の信用組合との出会いは、私にとって刺激的であり、かつ、勇気付けられるものです。そのたびに、取り組むべきことはまだ数多くあると痛感しています。

たとえば、地方連携協定の締結第一号となった新潟県の糸魚川信組、塩沢信組との出会いは大変に貴重なものでした。遠隔の信用組合同士が連携しようという私の呼びかけに対して、糸魚川信組の黒石孝理事長と塩沢信組の小野澤一成理事長がすぐに応じてくれたことは前述したとおりです。これによって勇気を得たことで、地方連携プロジェクトに弾みが付いたことは言うまでもありません。

糸魚川信組は新潟県西端に位置する糸魚川市と上越市、妙高市を営業エリアとしています。全六支店のうち五支店が糸魚川市内にあり、糸魚川の地元金融機関と言っていい存在です。しかし、地方経済を襲う厳しい風は糸魚川市にも及んで、若い世代の流出による人口減少や、後継者不足による事業者の廃業などが拡大していました。

そこで、糸魚川信組が「まちの存亡はいとしんの存亡」を掛け声に二〇〇四年に動いたのが「まちづくり推進室」の設置でした。地域の経済が縮小すれば、それにともなって同信組も縮小せざるを得ず、そのままの状態が続く限り、地域も同信組も生き残れないという危機感を抱いたからでした。それが「まちの存亡はいとしんの存亡」という言葉なのです。

それ以前まで、同信組も銀行に追い付こうという路線を懸命に走っていたそうです。しかし、その生き方を変えて、「株式会社である銀行にはできない、徹底した地域密着に向かう」という協同組織金融機関としての生き残りを賭けた挑戦に向かったのでした。その徹底ぶりは「まちづくり推進室」の運営に端的に反映され、同推進室の専属職員二人には金融業務を一切やらせずに、街づくりに関する企画の立案と実行に専念させているというのですから、当時の危機感と真剣みが伝わってくる話です。

私は糸魚川信組の姿勢に強く共感しています。結局、信用組合は、株式会社で利益追求モデルである銀行と同じことはしてはいけないし、できないと思っているからです。生き残るには、コミュニティ・バンクとしての本来の生き方に立ち返るしかないのです。だからこそ、当組合も同じような道を歩んでいるのです。

糸魚川信組はこれまで、様々な取り組みを実践してきています。そのひとつが数年前から提唱している「地元消費促進運動」です。地元で得た所得を地元で消費するという地域好循環型経済を目指したものであり、その一環として編み出したのが地域発の「いといがわ百選」というギフトカタログです。糸魚川のグルメやグッズを網羅したものであり、二〇一一年の刊行以来、同市内での冠婚葬祭や企業のイベントの際に、お返し、記念品として利用されています。

地元消費に向けた同信組の取り組みはそれだけではありません。たとえば、地元の店での買い物のためのローン利用であれば、通常よりも金利を下げたり、同信組の賞与の一部は地元消費用として支給したりと工夫を凝らしています。驚くほどの徹底ぶりであり、地域社会の活性化に向けた同信組の懸命さが伝わってきます。

当組合との連携協定は、この「地元消費促進運動」の拡大版という面があります。糸魚川の商品、生産物を東京で消費する「地産都消」となるからです。

なお、糸魚川は二〇一六年一二月二二日、大火災という悲劇に見舞われました。住宅など一五六棟が焼損し、同信組の本町支店も危うく災禍に巻き込まれるところでした。しかし、翌日には、祝日（天皇誕生日）で休業日であるにもかかわらず営業を再開し、いまは同信組を挙げて、寄付活動など街の復興に尽力しています。

糸魚川信組と同じ新潟県内にあって、しかも、同じ二月一五日に連携協定を結んだのが塩沢信組です。同信組は、県内陸部の南魚沼市、魚沼市、津南町に五支店を設置しています。いま、地域のみなさんから愛されている同信組には近年、苦闘の日々がありました。小野澤さんが理事長に就任した二〇〇八年ごろには、四億円もの赤字決算を余儀なくされていたのです。その原因は有価証券の減損および不良債権の処理でした。二〇〇一年ごろには不良債権比率は三五％に達していたそうです。

不良債権が増大すれば、金融機関は苦しみます。結局、回収に専念することとなり、その過程では借り手である組合員との関係が非常に悪化したと言います。ちょうど、私が理事長に就任した直後、取引先の社長や総代のみなさんから批判されたような状況だったのでしょう。

そこで、小野澤理事長が打ち出したのが一挙に膿を出す荒療治でした。それが赤字決算だったのです。その後、同信組の収益は改善に向かいましたが、改革の手を緩めずに、周囲を驚かせる施策を打ち出しました。メガバンクのような多様な業務展開を志向することは捨てて、貸出に集中する方針を決定したのです。実際にいくつかのサービスからの撤退を実行しました。そのひとつとして、住宅ローンの新規営業を停止したのでした。

そのときの小野澤理事長の考え方は、メガバンクまで参入して激しい金利ダンピング競争を繰り広げている住宅ローン市場に勝ち目はないということでした。それにしても、思い切った決断です。しかも、ここからがすごいのです。

ライバルの銀行に取引先を奪われるのをただ眺めていたのではないからです。ライバルの銀行に奪われそうになっている取引先に職員を通わせ、交渉に同席させて取引先に代わって取引先に有利な条件になるように交渉させました。彼はこれを「住宅ローンの熨斗《のし》付け返し」と呼んだそうです。これによって、ビジネスを奪われても組合員のための組合であることを示して、顧客の心を勝ち取っていったのです。逆風を押し返すというのは、こういうことを言うのでしょう。

住宅ローンの新規営業停止は当時、主要メディアでも報じられたほどの衝撃的な出来事でしたが、同信組は最近もまた独自の住宅ローンを巡って全国紙に記事が掲載されました。二〇一七年一月二七日の「日本経済新聞」が「若者の定住を促すための住宅ローンを発売」という記事を掲載したのです。同信組は四月から、二〇歳代に利用を限定して、最長期間五一年という住宅ローンの取り扱いを開始しました。魚沼地域に家を建て、しかも、地元建設会社の施工という条件の下でのローンです。地域における若者の定住促進と、地元でのおカネの還流を狙った商品と言えます。

しかし、これは同信組の取り組みの一端にすぎません。地元での第二創業を目指している若手経営者をメンバーとする「経営塾」を開催したり、あるいは、多重債務者の救済のための相談活動をしたり、地域社会の底上げのためのあらゆる努力を惜しまずに行っているからです。

また、同信組は、雪国で南国の果実の栽培に成功した「ゆきぐに温泉マンゴー」や、南魚沼産コシヒカリを飼料に育てた豚肉「つなんポーク」など地元の特産品の開発や販路拡大にも一役買っています。

地域の社会活動にも熱心です。二〇一六年九月には「魚沼の未来基金」を設立しました。一人親世帯の貧困対策の解消を目指す基金であり、返済不要の給付型奨学金制度を軸にしています。同信組は最初の寄付者として一〇〇万円を一年ごとに更新して拠出すると同時に基金の運営管理費を負担し、組合員、地元住民のなかから、個人は一口一万円、法人は一口五万円の寄付を募っています。

これらの努力は地元から評価され、本店の移転計画が浮上した際には地元商店街から「ここに残ってほしい」という要望が同信組に寄せられたそうです。同信組は移転を中止して、同じ場所での本店建て替えに計画を変更し、今、蔵造りの新しい本店となっています。

東日本大震災から二日目に営業再開したいわき信用組合

糸魚川信組が二〇一六年一二月二二日に発生した大火災後の、街の復興に努力していることは紹介しましたが、それ以前から地域の復興に邁進しているのが福島県のいわき信組です。ご存じのように、福島県は東日本大震災とそれに伴う福島第一原発事故からの復興のさなかにあります。同信組の地元であるいわき市は福島県における最大人口、最大面積の自治体であり、同組合が本店を構える小名浜は漁業の基地であると同時に、福島県有数の工業地帯となっています。

東日本大震災では、沿岸部が津波に押し流されて多大な犠牲者と損害が発生しています。工業地帯は復興し、さらには福島第一原発の廃炉作業などに従事する数多くの要員の長期滞在もあり、同市内の消費動向も決して悪くはないそうです。しかし、農水産物、工業製品、観光など地域の基幹産業は風評被害も受けて、厳しい状況にあると言われています。

同信組も震災の被害者です。実際、一六支店のうち、沿岸部の二カ店が津波に流されました。また、第一原発の水素爆発が発生し、三月一三日、いわき市は一部地域の住民に自主避難を呼びかけました。大変な混乱状況だったにちがいありません。

そうしたなかであるにもかかわらず、同信組は震災二日目には全店で休まずに顧客対応したのでした。それだけではありません。三月一五日には、身元確認ができれば保証人なしのローンの取り扱いを開始したのです。津波被害を受けた人たちに対しても上限三〇万円、貸付金利一％、返済は一年据え置きというローンです。コミュニティ・バンクならではの活動ぶりと言えるでしょう。

同信組の江尻次郎理事長が唱えているのが「社会関係資本（ソーシャル・キャピタル）」です。コミュニティのつながりなど「顔の見える付き合い」の尊さを素晴らしい社会を築くための重要な要素と位置付けている言葉です。大震災の際にコミュニティのつながりのなかで、みなさんが支え合う経験をしたからこそ確立できた哲学と言えるでしょう。

この社会関係資本を背景にして、同組合は多様な取り組みを行ってきています。たとえば、二〇〇五年に消費者ローンの取り扱いを本格化させたのは、高利の消費者ローンの返済に苦しんでいる人たちがいたからです。同信組は保証会社を付けないことで金利水準を下げたプロパー融資方式のローンを導入し、消費者金融利用者の悲劇を食い止める努力をしました。さらに、前出のような大震災発生直後の混乱のなかでも低利のプロパー融資を実行したわけです。特筆すべきことは、前者の消費者ローン返済の債務不履行の発生がきわめて限られ、後者の融資は二年ほどで全額回収となったことです。

融資実行の決断もさることながら、返済率の高さはその背景に「顔の見える付き合い」である社会関係資本があるからと言えます。

「地域とそこで暮らす人たちすべてを丸ごと支える」

これは同信組が打ち立てた営業方針です。この方針に基づいて、二〇一五年には、地域創生に向けた創業支援のための地域密着型投資ファンド「磐城国《いわきのくに》地域振興ファンド」を、二〇一六年にはクラウドファンディングサイト「FAAVO磐城国」を相次いで立ち上げています。

それだけではありません。創業・起業支援の一環としての子育て、人材育成のために、市内にある二つの大学、高等専門学校の学生を対象にした奨学金制度を設立しています。卒業後に「市内での就職」を条件に返済不要という制度です。教育という面では、二つの大学で地方金融に関する講座も受け持ち、将来、創業する際に有用な知識を提供しています。

大震災からの復興はまだ道半ばですが、その逆風を打ち返すべく、地方経済の活性化に向けた同信組の取り組みが続いています。

地方に吹く逆風に打ち克つための活動ぶりでは、秋田県信組を紹介しないわけにはいきません。

率直に申し上げて、私は同信組の北林貞男理事長から金融の話を聞いた記憶がありません。同理事長が話すのは地域活性化の取り組みばかりです。このことを同理事長に話したら、「金融の話もしたいが、それどころではないから」と笑っていました。

というのも、秋田県は日本創成会議（座長・増田寛也元総務大臣）が二〇一四年に発表した通称「増田レポート」に、衝撃的な予測がなされていたからです。人口減少によって、「二〇四〇年までに全国で八九六の自治体が消滅する」という予測内容でした。そのなかでも、秋田県は「消滅可能性自治体」の数が最も多く、大潟村を除く全自治体が消滅しかねないというものでした。もっとも、秋田県の場合、同レポートが発表される以前から、若者世代を中心とする県外流出を背景にした人口減少が話題になっていました。

その逆風を押し返すべく、二〇〇九年の理事長就任以来、北林さんの奮闘が続いているのです。

秋田県信組は地元で「けんしん」と呼ばれています。これは、秋田県で唯一の信用組合であり、県全域をエリアとしているからです。この有数の広域信用組合を率いるようになって、北林理事長は絶えず「秋田県のために我々は何ができるのか」を自らにも職員にも問い続けてきました。そうしたなかで、二〇一〇年に立ち上げたのが北秋田地域の意欲的な経営者一二人をメンバーとする「田舎ベンチャービジネスクラブ」でした。新事業の立ち上げによる地域活性化を目的に組織化したものです。

その取り組みの一環としての「どじょうの養殖」プロジェクトと、どじょう売り込みへの北林理事長の奮闘ぶりはすでに紹介したとおりです。しかし、取り組みはこれだけではありません。農業分野では、にんにく生産もあります。秋田県内ににんにくの生産農家が少ないところに着目し、農業法人を設立して開始、試行錯誤の末に五年目で黒字化を果たしています。

同事業は信用組合のネットワークを生かして、青森の生産業者を紹介してもらい、その指導を受けながら進めていったという経緯があります。こうしたつながりはきわめて重要なものと言えます。

新規事業のもう一つの柱は自然エネルギー事業です。超小型木質バイオマス発電や小水力発電などをスタートさせています。これによる売電売上金を限界集落などの村づくりに活用し地域の活性化につなげるのがこの狙いです。そうすれば、東京に流出した若者世代のUターンを促せるという期待があります。

ちなみに、同信組が取り組む「どじょう養殖」プロジェクトは、政府の地方創生政策の拠点である「まち・ひと・しごと創生本部事務局」が全国の先駆性のある事例などを収集している二〇一六年度の「地方創生への取組状況に係るモニタリング調査結果~地方創生に資する金融機関等の『特徴的な取組事例』」のなかで、農林水産業の成長産業化の事例に選ばれました。私は、このニュースを聞いたとき、まさにわがことのように喜び、誇りに思いました。

信用組合初の農業ファンドを地方連携で立ち上げ

当組合の地方連携協定は二〇一七年三月現在、このように各地で地方創生、地域活性化に熱心に取り組んでいる一六信用組合と、一自治体とのネットワークとなっています。その協定の始動と同時に、当組合は会員向けに定期的に発行している「かんしん便り」で、別冊の「地域のかけは誌」を発行し始めています。サブタイトルは「地方と東京を結ぶ皆さまのふれ愛情報誌」です。

同誌では、連携協定が目指すものを説明し、締結先の信用組合と地元地域を紹介するとともに、その地域の名産品とその事業者を取り上げたり、あるいは、その地域の生産物を購入している当組合の取引先もお知らせしたりしています。こうした広報活動を通じて、連携先の信用組合の存在、地域の素晴らしさが知られることはもちろん、その取引先、生産物の認識が高まって、観光や生産物の利用・消費など様々なつながりが生まれれば、さらに素晴らしいことであると思っています。

そこで、地方連携プロジェクトの一環として二〇一七年三月に発表したのが、農業ファンドの創設・運営です。農業ファンドについてはこれまで、一部の地方銀行が取り組んでいます。しかし、信用組合では、まったく実現していませんでした。信用金庫も同様です。単独信用組合の取り組みを前提にする限り、ファンドを組成して投資するほどの農業法人の取引先数がないなどの理由があるからです。

しかし、その一方では、農業法人を創設して新たに農業に参入しようという人たちが数多く現れています。そうした人たちが相談して支援を求める先が見つからないという厳しい立場に置かれているという実態があるのです。未来型信用組合を目指す以上、この状況を見過ごすことはできません。しかも、「創業支援の第一勧信」という評判が世の中に広まるにつれて、東京を地盤とする当組合にも「農業を起業したいのだが、話を聞いてもらえないか」という若い世代からの相談が増えていました。

単独ではむずかしいというのであれば、連携すればいいのではないか。すでに私たちは、各地で地域活性化に奮闘している一六信用組合と連携協定を結んでいます。このネットワークを生かせば、道が開けるのではないか。そう考えて得られた結論は、複数の信用組合による共同事業の農業ファンドの創設でした。

「一緒に農業ファンドを創設して、創業支援していきませんか」

二〇一六年七月ごろから、私は連携先の信用組合のみなさんに声を掛けたのです。私の呼びかけに応じて、すぐに手を挙げてくれたのが北海道の北央信組、秋田県の秋田県信組、福島県のいわき信組、群馬県のあかぎ信組、千葉県の君津信組、新潟県の糸魚川信組、山梨県の都留信組、岡山県の笠岡信組、の八組合です。準備を重ねて、念願の農業ファンドの設立を果たしたのは二〇一七年一月三〇日でした。

本ファンドは「農業法人に対する投資の円滑化に関する特別措置法」に基づいて、日本政策金融公庫が創設した農業法人投資育成制度を活用し組成するものです。日本政策金融公庫の承認を得て組合加入契約を結べば、同公庫から私たちの出資額とほぼ同額の出資を得られます。同公庫の協力はきわめて大きなファクターです。

幸いなことに、同公庫との組合加入契約は三月八日に完了しました。そこで、私たちは正式に「信用組合共同農業未来ファンド（正式名称、信用組合共同農業未来投資事業有限責任組合）」の営業開始にこぎつけました（二六〇ページ写真参照）。

第一勧信と、連携している16信用組合のうち8組合が参加して、信用組合業界初の農業ファンドを2017年1月に設立。

改めて説明すると、私たちが創設した農業ファンドは、農業法人投資育成事業として投資業務を行うものです。各地の信用組合が相互に連携・協力し合う「地方連携」の一環として位置付けていて、地方創生、六次産業化、既存の取引先である個人農業者の法人化、異業種からの農業参入などを目指す農業法人に対して、出資を通じて財務基盤の強化、企業価値の向上を後押ししていきます。言わば、農業版の成長資金の供給ということです。

ファンドは、その運営にあたる無限責任組合員のＧＰ（ゼネラル・パートナー）と有限責任組合員のＬＰ（リミテッド・パートナー）で構成されています。GPは、これまで地方創生ファンドの実績を積んできたフューチャーベンチャーキャピタルと、当組合の子会社である恒信サービスが就任し、それぞれ二〇〇万円のGP出資を行いました。一方、参加九組合は各二〇〇〇万円のLP出資を実行し、さらに日本政策金融公庫から一億七六〇〇万円の出資が実行されました。その結果、総出資額三億六〇〇〇万円のファンドとしてスタートを切ることができました。

ともにファンドを設立した、逆風に立ち向かう〝同志〟たち

信用組合としては初の農業ファンド。これには大きな意味があります。地域コミュニティの活性化、地方創生などの志をともにする北海道から岡山までの信用組合が手を結ぶと、「単独ではできない」という壁もブレークスルーできるということです。

そこで、改めて共同事業に参加した信用組合を紹介しましょう。

北央信用組合は三三カ店を有した北海道最大の信用組合です。北海道は人口減少と

最大都市の札幌市への一極集中化が進んでいますが、同信組では東神楽町、東川町という人口増加の自治体と連携協定を結ぶなど地方創生に取り組んでいます。今回の農業ファンドについて、林伸幸理事長は「北海道は農業大国だが、当組合の組合員に農業従事者が多いわけではない。しかし、農村部の五店舗で地域の情報を丹念に拾っていき、農業支援に貢献していく」と語っています。

秋田県の秋田県信用組合は秋田全域をエリアとする信用組合であり、すでに紹介したように、地域振興に向けて、二〇一〇年には新規事業の立ち上げを支援する「田舎ベンチャービジネスクラブ」を設立し、農業事業の支援に取り組んでいます。

北林貞男理事長は「若い世代には水耕栽培を考える人が多い。我々が取り組んでいるバイオマス発電の熱源を農業従事者が活用して、介護事業所の入居者が社会復帰に向けて作業するという分野にファンドを活用していこうと考えている。農業は伸び代が大きい」というビジョンを早くも描き出しています。

いわき信用組合は、東日本大震災で甚大な被害を受け、かつ、福島第一原発事故によって、農業、水産加工業など同信組の取引先はいまだに風評被害に苦しんでいますが、その逆風を打ち返す努力を続けています。星光彦常務理事は「農業法人を立ち上げて、農業を志そうという人たちは多い。これまでも支援してきたが、ファンドの活用によって一段と支援ができる」と農業支援に弾みを付けようとしています。

群馬県前橋市に本店を構えるあかぎ信用組合は、小林正弘理事長の下で、当組合と同様に、信用組合の原点と言うべき組合員とのフェイス・トゥ・フェイスの関係に回帰しています。若手経営者を集めた組織「健山会」を立ち上げて、事業拡大などのための勉強会を続けるなど、地道な取り組みによる地域活性化に挑み続けている信用組合です。同信組の境野通良常務理事は「農業後継者による農業法人化の動きのほか、金属加工業、建設業、不動産業による専門性を生かしたアプローチで一般農家の三倍の収穫量を目指したり、農業の商標登録によるブランド化の取り組みも始まったりしている。それらの取り組みの過程で生ずる成長資金のニーズに応えたい」と抱負を語っています。

君津信用組合は、木更津市に本店を構えて、市原市、館山市、南房総市などをエリアにする千葉県の信用組合です。宮澤義夫理事長は地域振興に熱心な経営者であり、当組合が後押しする地域クラウド交流会にも積極的に参画してくれました。地域の農業については、従事者の高齢化、後継者不足などの課題へも取り組み、地域の農業を維持・発展させるために、農業法人による農業の効率化、大規模化、多角化が必要であるとの持論を持っています。同理事長は「農業は創業時に投資と回収のミスマッチが長期化する業種であり、その改善のためにファンド機能を生かす。長期安定的な支援が可能になり、農業経営に将来性が見込まれることで移住の促進、生産量の拡大による地域活性化につながる」と見通しています。

新潟県の糸魚川信用組合は先に紹介しましたが、黒石孝理事長は農業ファンドについて「信用組合が集まってネットワークを作り、ひとつの事業を成し遂げること自体に意義がある。新潟県は米どころであり、地域起こしとなると、やはり、観光と農業である。農業に関心があってもなかなか具体的なアプローチはできなかったが、農業ファンドを活用し、地域のJAとも手を組んで新しい農業を起こしていくという取り組みを進めていきたい」と戦略を練っています。

都留信用組合は山梨県富士吉田市を中心に近郊市町村に二二カ店を有する信用組合

です。富士山のお膝元であり、滞在型の観光と農業に注力しながら、その一方では「創業スクール」を開催し、また、本部に「地域支援部」を創設して創業、組合員事業者の経営改善支援に熱心に取り組んでいます。細田幸次理事長は「かつて基幹産業だった織物業が衰退するなかで、次に考えられるものとして観光農業がある。地元には農業振興地域があり、耕地整理したものの、そのまま放置されている。そこで、当組合自身が農業に挑む計画を立ててきた。それが地域に普及することを計画している。そのためにはファンドはとても魅力的であり、生産地である当地域から消費地の東京に生産物をストレートにつなげて、地域振興を実現したい」と具体的なビジョンを語っています。

岡山県笠岡市に本店を構える笠岡信用組合は、笠岡諸島の島々まで職員が丹念に訪ねて集金業務までこなす、地元密着に熱心な信用組合です。創業支援にも熱心に取り組み、「かさおか創業サロン」を中心になって立ち上げたほか、若手経営者を対象とした「かさしん経営塾」を組織化して、ビジネスマッチングなど事業の成長を支援しています。近年、貸出金の増強による預貸率の改善が目覚ましく、二〇一五年には岡山南支店をオープンし、二〇一六年には広島県福山市一円の地区拡大の認可を得るなどエリアの拡大を実現させてきました。その立役者である山本國春理事長は、私が二〇一六年八月に訪問した際も笠岡湾干拓地の農業用地を見学させてくれたうえで、農業ファンドへの参加を決断してくれました。同理事長は「干拓地の農業は成長分野と見ている。ファンドを活用し支援していくことはもちろん、個別の信用組合では発信力、行動力が劣る部分を連携によって強化できることは大きな魅力である。しかも、取引先の建設会社などが農業分野に進出する例は少なくない」と農業ファンド、地方連携の価値を語っています。

預金残高一・七兆円、組合員数三〇万人超の巨大な力

このように、農業ファンドに参加した各信用組合は、いずれも、各地で地方創生、地域活性化に奮闘していると同時に、コミュニティとのつながりという原点に立脚している信用組合ばかりです。つまり、私たちは志を共有しているのです。

そのような私たちが創設した農業ファンドは、当然のことながら、他のファンドとは異なる独特の特徴があります。これはぜひとも強調しておきたいことです。

まず、しばしば「農業は儲からない」と言われてきましたが、その最大の理由は何でしょうか。それは農業事業者に価格決定権がないことです。しかし、私たちのファンドでは、最大の消費地である東京を地盤とする当組合が加わっています。これによって、消費地のニーズを組み込んだ、言わば、マーケット・インの仕組みが成立します。ニーズに着実に応えれば、生産者に価格決定の余地が広がるということです。

この点について、少し余談も含めて説明しましょう。

私が何か新しいことを始めようとすると、しばしば、「なぜ？」と問われます。農業ファンドについてもそうでした。

「なぜ、顧客に農業法人がない東京地盤の第一勧信が農業ファンドをやろうとするのか」

確かに、当組合の取引先には農業法人はひとつもありません。「それなのに、なぜ、農業ファンドをやるのか。無関係だろう」というわけです。それも、声を掛けられて、ちょっと参加するという話ではなく、自らが発案したのは理解できない。そういう疑問の声でした。

これに対して、私はこう答えました。

「他の信用組合のみなさんには生産面を担ってもらい、当組合は生産物の販売を担うのです」

もともと、私は地方創生については「地産地消」だけでは十分ではないと思っていました。そもそも、「人」「物」「金」が東京に著しく一極集中しているわけです、裏返して言えば、地方は活力の源を東京に吸い上げられてしまっている格好です。「地産地消」の努力は必要ですが、そうした東京集中の構造のなかでは自ずと限界があります。むしろ、「地産都消」です。地方で生産したものが一大消費基地である東京で消費されていくように発想していかないと、拡大再生産の絵は描けません。地方の生産者に東京のおカネを流さない限り、規模的な効果も持続性も期待しにくいからです。

これは農業ファンドに限りません。地方の生産物を東京で販売することによって、直接的に東京の消費者が支払ったおカネが地方に流れるようになります。信用組合の活動は草の根的なものですが、当組合がその資金循環の拠点となってルートを築くことはできないことではありません。

これは地方の生産者を育てる金融です。東京のチェーン店による地方進出が一見、地方経済の活性化のように目に映るかもしれませんが、それでは地方からおカネを吸い上げることに変わりはないのです。

もちろん、雇用の拡大などのためには企業誘致も必要でしょう。それを否定するつもりはありませんが、本当の地域活性化のためには地元の生産者、中小企業を育てることこそ重要です。そのためには巨大な消費市場である東京圏と各地がつながらなくてはいけないのです。

それを目指して、当組合が地方の信用組合のみなさんに連携の声掛けをしたことはまちがいありません。しかし、だからと言って、当組合が主体であるということではありません。むしろ、当組合は、各地の信用組合が投げられるボールを受け止めるキャッチャーという立場です。いろいろなボールを受け止めて、それを投げ返すのが当組合の役割と言えます。

私たちのファンドの特徴に話を戻します。創業支援でも説明したように、通常、ファンドは投資先事業者の上場をゴールとして、ファンドが保有する株式の売却で出資資金を回収します。しかし、私たちのファンドは違います。

もちろん、投資先事業者の農業法人の成長を支援しますが、上場は前提とせず、農業法人がきちんと成長することによって、自社株式をファンドから買い戻してもらうのがゴールです。つまり、投資先事業者の成長と投資の回収がリンクする仕組みということです。しかも、株式を買い戻してもらったからといって、関係が終わるわけでもありません。その次には、私たちの本業である貸出による成長支援が続くのです。これが第二の特徴と言えます。

そして、第三の特徴は、九信用組合がＬＰ（有限責任組合員）という立場ではありながら、実際には主体となることです。単に出資するだけではなく、投資先となる農業法人の発掘から、その育成、成長支援まで一貫して、主体的に取り組みます。これは第二の特徴にも関連しますが、私たちがファンドを創設した目的は、ファンド投資で儲けるということではないからです。あくまでも、ファンドの創設は、信用組合としての創業支援の一環なのです。

とはいえ、農業ファンドはすぐに黒字化できるというスキームではありません。配当収入が得られるまでにはそれなりの期間を耐える必要があります。通常、ファンドによる投資は三年から五年ほどの投資期間となりますが、私たちはファンドの期間を一五年に設定しました。農業への投資は足が長くなることを踏まえたものであり、一社当たりの投資を五年から一〇年という長期的スパンで考えています。

そこで、他の信用組合の負担を軽減するためにも、ファンドのGP（無限責任組合員）に当組合の子会社を据えて事務部門を担うようにしました。当面、当組合がその分は持ち出しという形にならざるを得ません。

しかし、いずれ、ファンドを活用して取り組んだ農業がすべて花開いたら、これは素晴らしいことです。地方の信用組合において、その投資先である生産者が計画どおりに成長すれば、エクイティの提供だけの話ではなくなります。つまり、各信用組合にとって、貸出の対象先になっていくでしょう。このファンドを持続させて軌道に乗せれば、ファンドからの出資を得て農業事業をやりたいという人たちが、私たちのもとを訪れてくれることも期待できます。それまで我慢強く取り組んでいかなければいけないと思っています。

そもそも、金融業界は目先の利益ばかりを追求しがちだったように思います。このような腰を据えた努力をどこかに置き忘れてきたのではないでしょうか。農業ファンド事業は、そうした姿勢を取り戻す試みとも言えるでしょう。

ところで、農業ファンドを立ち上げるや、一部の人たちから「本当にうまくいくのか」という問いを受けました。それに対する私の返答は「手応えはすでにあります」というものです。

すでに説明したように、当組合は投資先の農業法人の生産物を東京で販売し、そのおカネを地方に還流させる役割を担います。これは重要な役割であると認識しています。すでにこれまでの業務連携を通じて、その手応えは得ています。いずれ、ファンドの投資先事業者から、いろいろな生産物がもたらされるでしょう。それらは大量な規模にならなくても、当組合は販売を引き受けられると思っています。むしろ、私たちの連携は大量の生産物を安価で安定的に長期に供給するという話ではありません。

そのようなルートでの供給は大手スーパーなどがすでに行っています。

私たちにとってはできうる限り、その季節の旬の新鮮な生産物を少量で、その価値を反映した高価格でタイムリーに供給する仕組みになることが望ましいのです。これは今まで、誰も取り組んでこなかった領域と言ってもいいかもしれません。しかし、それこそ、東京という一大消費地で料亭など数多くの飲食業を顧客としている当組合が参加していることの意義と言えます。

見方を変えると、私たちは、熱心に農業に取り組んでいても、生産量などの限界から大手資本による大量買い付けの物流ネットワークから弾き出された生産者のみなさんを丹念に見つけ出して、つながっていきたいのです。これは、小規模事業者の世界から誕生した信用組合の本来的な役割であり、理想でもあります。商工業者と同様に、私たちがその努力を惜しめば、農業分野の中小零細事業者が成長できないのです。

私たちは草の根であり、草の根がつながっていかないと、日本のあらゆる分野で中小零細の事業者は本当に衰退してしまいます。そうであるからこそ、志をともにする私たちが連携したのです。

農業ファンドに参画した信用組合を個々に見れば、決して規模的には大きくありません。しかし、力を合わせれば違います、大きな力を発揮できるはずです。ちなみに、九信用組合を合計すると、預金残高は一兆七〇〇〇億円、貸出金残高は一兆円弱、組合員数は三〇万人超に達します。やはり、大きな力になるのです。

今後、九信用組合の間では、研究会などが定期的に開催されて、情報交換や議論が活発に行われるでしょう。それによって、知見も高まってくるにちがいありません。それを各地で活用すれば、地域起こし、地域活性化の相乗効果が発揮できるものと期待しています。

じつは、その手応えは地方連携協定を実行に移す過程で得られています。それは当組合だけの話ではありません。たとえば、笠岡信組の山本理事長は「笠岡諸島の海苔を連携に基づいて東京で継続的に販売し、好評を得ている」と言っていますし、秋田県信組の北林理事長は「第一勧信の取引先のスーパーで秋田フェアを開き、完売できた」と手応えを感じています。また、君津信組の宮澤理事長は当組合の年金サービスデイに合わせて、「東京湾の海産物を販売したら、大変に好評だった」と満足しています。

これらはほんの一例にすぎません。当組合が開催する物産展は各地の名産品、生産物がとても売れますし、取引先の高級料亭では、いわき信組の取引先である水産加工会社のかまぼこをお客様のお土産品として購入してくれています。秋田県の山菜を使いたいという当組合の取引先の高級天ぷら店もあります。

いわき信組の星常務理事もこう語っています。

「小名浜の魚介類は築地市場でもなかなか売れないという風評被害に喘いでいる。しかし、第一勧信の年金サービスデイに合わせた販売会では、水産加工品が飛ぶように売れて完売になる。これは『第一勧信がやっているのだから安心して買える』というつながりがあるからだ。つまり、当組合が唱えている社会関係資本の基盤があるということであり、それが農業ファンドの基盤にもなる」

連携先の信用組合のみなさんのこのような喜びはそのまま、当組合の喜びでもあります。すでに、農業ファンドの今後について、都留信組の細田理事長は「夏いちごの栽培事業」を想定し、君津信組の宮澤理事長も「六次産業化への業態転換を行っている農業法人もあり、ブランド化も後押ししていきたい」と具体的なアプローチを描いています。笠岡信組の山本理事長は「建設会社で農業法人を立ち上げ、パパイヤ栽培を行っている」取引先などを早くも投資の対象として考えています。

「人とコミュニティの金融」の進化が私たちの使命

このように、参加した信用組合はすべて、やる気に満ちています。あとは投資先の事業者の成長を懸命に支援することです。信用組合の原点に立脚した信用組合ばかりですから、これはゆるぎないことなのです。

日本の社会は成熟社会に変化を遂げています。そのなかでは、かつての「量」の時代から「質」の時代への移行があり、「金」、「物」から「人」の時代への変化が起きつつあると思っています。個々の「人」が大事になってくることによって、「均一性」から「多様性」の時代に本格的に変わっていくことになります。その変化のなかにあって、金融業界も変わらなければなりません。多様性の時代に対応できなければ、世の中に対して十分な役割を果たせないからです。

かつて、金融業界は都市銀行を筆頭にして、地方銀行、信用金庫、信用組合というように規模の大小を示す直線の上で、均一性のヒエラルキーを築かされていたように思います。また、株式会社形態の銀行やノンバンクは金や物を大量に動かし、それを金融インフラとして経済成長を進めることができたと言えます。規模的に小さく、しかも、協同組織という形態の信用組合はその主要プレーヤーとはなりませんでした。

しかし、多様性の時代とは、均一性のなかで規模的な尺度がモノを言う時代とは異なります。つまり、ナンバーワンを目指すのではなく、数多くのオンリー・ワンの出現が求められるということです。今、協同組織金融機関には、銀行やノンバンクにはできない自分たちの役割は何か、そして、何をすべきなのかを考えて行動していくことが求められています。

その点において重要なことは、自分たちは何かを考えることでしょう。協同組織金融機関は、人と人がつながるところに「コミュニティ」が生まれ、このコミュニティを支える金融として成り立ってきました。それぞれのコミュニティは、長い時間の流れのなかで衰退していくものもありますし、新たに生まれてくるものもあります。

しかも、世の中にあるコミュニティはさまざまです。単なる趣味の集まりもコミュニティですが、経済活動のなかで重要なのは「同じ志を持った人たちのコミュニティ」です。たとえば、地域の活性化に挑み続ける地域コミュニティもあれば、「創業支援を盛り立てていこう」という志を持っている人たちのコミュニティも生まれてきています。

私たちが目指すのは、「人」の金融です。そして、人と人とがつながることで生まれる「コミュニティ」を支える金融です。しかも、この「コミュニティ」同士がネットでつながることもできるのが今の時代です。

人とコミュニティの金融を追求してきて思っていたことは、そこから先の発展性は何かということでした。ネット環境は、このテーマの実現を容易にするものと言えます。コミュニティとコミュニティの広域にわたるつながりが、スピードとダイナミズムを伴って実現できるのです。

コミュニティ活動に参加すると、そのコミュニティのなかに、さらに細分化されたコミュニティがいくつも存在することが分かります。それとは逆ですが、信用組合を介在して全国各地に存在するコミュニティがつながれば、コミュニティが集まった新たな大きいコミュニティが形成されます。

農業ファンドに参加した九信用組合の総組合員数は三〇万人を数え、地方連携協定を締結した一六信用組合の総組合員数は五〇万人を超えます。しかも、この組合員は個々の信用組合におけるフェイス・トゥ・フェイスのリアルのつながりのなかにあります。そこにネット環境を重ね合わせれば、宙に浮いて利用がないようなネットワークではなく、活用のしがいがあるネット環境になることはまちがいありません。

当組合では二〇一六年にフェイスブックを立ち上げました。二〇一七年五月にはネットマガジンも開始予定で、創業者のみなさんなどに様々なイベント情報をお伝えしていきたいと思っています。

従来であれば、人海戦術でチラシを配布していただけでしたが、少なくともネット環境のなかで直ちに情報を伝えられるようになりました。同様に、いわき信組もフェイスブックをやっていますし、これから始める信用組合も増えてきます。そうなるとネット上で情報交換ができます。ビジネスマッチングもネット化することで、今までは関係が疎遠だった各地の信用組合ともつながることができます。

たとえば、当組合の顧客が他の信用組合の顧客である事業者に関心を持ったとしましょう。その顧客は当組合との提携先である信用組合の組合員であれば、提携先の信用組合の担当支店に連絡すれば、関心を寄せた先の事業者のことが分かります。私は、この形態をネットとフェイス・トゥ・フェイスのハイブリッド型のコミュニティと言っています。

そのためにも、信用組合はオープン・アンド・フォワード（開かれ、かつ、未来志向）でなければならないのです。

ネットワーク効果とは、たんに量が増えるだけではなくて、一定の量に達すると質的な進化を遂げるところに魅力があります。ネットビジネスは本来、そういうものです。それを信用組合が相互につながることで実現させれば、「開かれた」ことで「未来志向」がいよいよ強まります。

確かに、協同組織金融機関は個別に見ると、小規模金融機関ですが、開かれた金融によってつながっていけば、確固たる社会インフラになり得ます。しかも、わが国は人口減少などがこれからも進行し、みんなで助け合うコミュニティの存在がまちがいなく必要となってきます。その意味では、協同組織金融機関は時代の流れのなかで最も重要な金融機関であり、社会インフラとなり得ます。

日本社会に強まる閉塞感、孤立感は、人と人のつながりの希薄化がその原因のひとつとも言われています。「人」と「コミュニティ」の金融をさらに成長させていけば、閉塞感、孤立感の解決の一助になると信じています。

そのような志を抱きながら、「人とコミュニティの金融」をどこまでも進化させていきたい。人を見て、事業を見る真の金融の担い手として、信用組合にはまだまだやるべきことがあるのです。

おわりに

こうして本書が出来上がってみると、改めて、本当にたくさんの方々に助けていただいたお陰で、ここまで来られたのだという思いを強くいたします。

まず何よりも、第一勧業信用組合を支えてくださった総代をはじめとする組合員のみなさま。私についてきてくれた、職員のみんな。そして、信用組合業界の諸先輩や多くの仲間たち。

金融庁、日本政策金融公庫をはじめとする、公的機関の方々のご指導も欠かせませんでした。

さらに、大学の先生方、弁護士、会計士等、士業の先生方、ジャーナリストの方々、創業支援や地方創生の志ある方々に、みずほ銀行時代の諸先輩や同僚、後輩たち……。

本当に、みなさんありがとうございました。

しかしながら、まだまだ道半ばです。いや、道は未来にずっと続いていきます。協同組織金融機関は私の天職だと感じています。「志の連携」をさらに広げながら、豊かな日本の未来のために、引き続き走り続けていきたいと思います。

最後に、本書がこうして出来上がったのは、ダイヤモンド社の今給黎健一さん、小出康成さん、ＢＵＳ社の出口剛さん、金融ジャーナリストの浪川攻さんのおかげです。感謝です。

第一勧業信用組合　理事長
新田 信行

二〇一七年四月

[著者]
新田 信行（にった　のぶゆき）
1956年生まれ。千葉県出身。1981年一橋大学卒業後、第一勧業銀行（現・みずほ銀行）入行。みずほフィナンシャルグループ与信企画部長、みずほ銀行銀座通支店長、みずほ銀行コンプライアンス統括部長を経て、2011年みずほ銀行常務執行役員。2013年より第一勧業信用組合理事長。2016年黄綬褒章受章。

よみがえる金融
——協同組織金融機関の未来

2017年5月24日　第1刷発行
2019年4月3日　第3刷発行

著　者——————新田信行
発行所——————ダイヤモンド社
〒150-8409　東京都渋谷区神宮前6-12-17
http://www.diamond.co.jp/
電話/03-5778-7235（編集）　03-5778-7240（販売）
編集協力——————浪川　攻
装丁＆本文デザイン——加藤杏子（ダイヤモンド・グラフィック社）
製作進行——————ダイヤモンド・グラフィック社
印刷——————堀内印刷所（本文）・進藤慶昌堂（カバー）
製本——————宮本製本所
編集担当——————小出康成

ISBN 978-4-478-10266-4